ALTAMIRA

HISTORIA DE UNA POLÉMICA

Stella Maris
Portal del Ángel, 42 3º
08002 Barcelona
www.editorialstellamaris.com

Diseño de la cubierta: Arturo Lanz
Realización: Christian Rodríguez

Primera edición: octubre de 2015

ISBN: 978-84-16541-22-5
D.L.: B-26362-2015
Composición: Dpto. de Arte Editorial Stella Maris
Impresión: Rodesa.
Impreso en España – *Printed in Spain*

José **Calvo Poyato**

ALTAMIRA

HISTORIA DE UNA POLÉMICA

STELLA MARIS

ÍNDICE

A José Luis Corral Lafuente por honrarme con su
amistad y por su magisterio en la difusión del
conocimiento de nuestro pasado.

PRÓLOGO

La historia de las pinturas de la cueva de Altamira —no se las conocía por tal nombre en el momento en que se produjo su hallazgo— fue, durante muchos años, una aventura digna de una novela, no tanto por las circunstancias en que Marcelino Sanz de Sautuola las encontró, cuanto por la polémica y las consecuencias que se derivaron al conocerse el «increíble» hallazgo.

Probablemente fue en el otoño de 1878 cuando Sanz de Sautuola hizo su extraordinario descubrimiento, algunos reputados prehistoriadores adelantan la fecha alguna semana y la sitúan en el verano de dicho año. Por aquellas fechas la prehistoria, como ciencia que se encargaba del estudio del hombre y sus actividades antes de que existieran testimonios escritos, estaba todavía lejos de consolidarse como tal. Se trataba de una disciplina que todavía no tenía cabida en el mundo académico ni había recibido el espaldarazo de la consideración de una ciencia a la que se hubieran abierto las puertas de la universidad. En consecuencia, no formaba parte de los programas académicos ni era una de las asignaturas que se impartían en sus aulas.

En realidad, a la altura de 1878 la prehistoria aún sostenía, en amplios círculos académicos, una dura batalla para que no se la rechazara y se le reconociera su carácter científico. Por entonces eran muchos quienes le negaban la condición de ciencia y consideraban que el estudio de los restos óseos y líticos era una afición extravagante. Referirse a la «Edad del Reno» o al «hombre fósil» eran elucubraciones de aficionados.

La antigüedad que por entonces se otorgaba a la presencia del hombre en la Tierra no iba más allá de unos pocos miles de años, que era la antigüedad que se otorgaba al relato bíblico. Con anterioridad se habían realizado numerosos cálculos —en muchos casos se trataba de cábalas— para fijar, con una precisión que hoy resulta ingenua, el momento exacto en que se había producido la creación de la Tierra. Se realizaban siempre a partir de unas supuestas referencias cronológicas recogidas en el Génesis, cuando el texto narraba los llamados siete días de la creación divina. Esa precisión llegaba a extremos tales que para la mentalidad actual resulta poco menos que increíble que fuera admitida como algo con cierto fundamento científico.

Esas precisiones cronológicas, que hoy nos parecen pueriles, gozaban de un crédito muy extendido en la segunda mitad del siglo XIX y eran esgrimidas como argumentos sólidos para desacreditar los planteamientos de quienes defendían que la presencia del hombre sobre la Tierra tenía una antigüedad mucho mayor.

Cuando don Marcelino Sanz de Sautuola descubrió las pinturas de la bóveda de Altamira, muchos de los postulados de las llamadas ciencias naturales, que englobaban disciplinas como la geología, la paleontología, la zoología, la botánica o lo que empezaba a denominarse como prehistoria, libraban una dura batalla —en nuestro país se vivía con particular intensidad— con los sectores académicos y los círculos intelectuales proclives a la ideología conservadora, por lo general ligada a las tesis doctrinales del cristianismo, que no admitían que se pusiera en cuestión la veracidad literal de la Biblia. Una veracidad que parecía quedar en entredicho con algunas de las afirmaciones sostenidas por algunos geólogos, paleontólogos o prehistoriadores.

En algunos ambientes académicos se llegaba más lejos. Se sostenía que el propósito principal de quienes buscaban el pasado de la Tierra en los estratos de las formaciones geológicas o en huesos de animales antiguos, muchos de ellos supuestamente desaparecidos, únicamente tenían como fin atacar, con unos supuestos argumentos de carácter científico, los cimientos en que se fundamentaba la religión judeo-cristiana. Consideraban como algo detestable y sostenían que hurgar en lugares oscuros y recónditos como eran cuevas, escombreras o viejas minas abandonadas era otra de las manifestaciones del creciente ateísmo que se extendía entre capas cada vez más amplias de la sociedad europea. Dichas actuaciones eran un instrumento más de la gran ofensiva lanzada por los «laicos» para atacar los pilares de la religión cristiana.

Desde las filas más ligadas a los planteamientos religiosos ultramontanos, todo lo relacionado con aquellas búsquedas tenía como objetivo ridiculizar el relato bíblico de la creación del mundo y del hombre, tal y como estaba recogida en el Génesis que, para los creyentes de las diferentes confesiones del cristianismo, era la Palabra de Dios revelada a la humanidad y por lo tanto se trataba de algo que resultaba inadmisible poner en cuestión. Por aquellas fechas, la fe marcaba una línea divisoria que muchos científicos no estaban dispuestos a cruzar y la separación entre los planteamientos científicos conservadores, defensores a ultranza del relato bíblico y quienes asumían las consecuencias que se derivaban de los hallazgos y descubrimientos de restos fósiles era abismal.

En medio de esa gran controversia, en cuya raíz había un planteamiento religioso, que dividía a la comunidad científica decimonónica, surgió una tercera vía, cuyo objetivo principal era tender puentes entre lo que señalaba la Biblia y formaba parte de la fe y las creencias religiosas, y las nuevas tesis que se abrían paso de forma limitada, pero con fuerza creciente y aportando evidencias cada vez mayores sobre una antigüedad del hombre sobre la Tierra mucho mayor de lo que se había creído hasta entonces.

Quienes trataron de compatibilizar el relato bíblico con las evidencias que revelaban las investigaciones y los avances científicos en el poco consolidado terreno de ciencias como la paleontología o la prehistoria se encontraron, como suele ocurrir con frecuencia, en medio de un fuego cruzado. Sufrieron los ataques de los sectores vinculados a las posiciones más extremas, que rechazaban cualquier posibilidad de conciliación. En definitiva, en el mundo científico del siglo XIX se libró una dura batalla que no se limitó a los escenarios estrictamente académicos, se extendió al campo de las creencias, haciendo que factores ajenos a los planteamientos científicos se convirtieran en elementos fundamentales de una controversia que tuvo repercusiones de carácter político y religioso.

Don Marcelino Sanz de Sautuola, aficionado al estudio de los fósiles y los restos antiguos que se encontraban en las numerosas cuevas que existen en su tierra natal, hombre de profundas convicciones católicas y de formación conservadora, era uno de los representantes de esta tercera vía, que buscaba la conciliación de las creencias religiosas con los avances de las nueva ciencias. Eso explicará, en parte, como tendremos ocasión de ver más adelante, que el rechazo provocado por el descubrimiento de las pinturas de Altamira, le llegara desde ambos sectores. Lo mismo le ocurrirá a otro de los principales protagonistas de la historia que se derivó del descubrimiento de dichas pinturas. Nos referimos al catedrático de geología de la Universidad Central, el valenciano don Juan Vilanova y Piera, una de las figuras más importantes para el desarrollo de la prehistoria en España. Las convicciones religiosas de Vilanova y Piera no fueron, sin embargo, un obstáculo para que impulsase el progreso de ciencias consideradas en ciertos ambientes como «peligrosas».

El fuerte enfrentamiento que se producía entre las aportaciones que presentaban la nuevas ciencias que veían la luz y los partidarios de la fe como fuente principal del conocimiento se había intensificado de forma notable a partir de 1859 con la publicación de la obra de Charles Darwin *El origen de las especies por medio de la selección natural, o la preservación de las razas preferidas en la lucha por la vida.* Los debates, que hasta entonces se habían librado principalmente en el limitado mundo de los círculos académicos, se extendieron a sectores sociales mucho más amplios. Darwin defendía en su obra la tesis, basada en sus observaciones y experimentos en diferentes lugares del planeta que había visitado, de que la diversidad de los seres vivos que se encontraban en la naturaleza era la consecuencia de un proceso evolutivo que se había producido a lo largo de muchas generaciones. Para Darwin sólo los seres capaces de adaptarse a las condiciones ambientales lograban sobrevivir. En la obra que hemos mencionado, sus planteamientos estaban referidos a las especies animales en general, sin que aludiera al ser humano de una forma concreta. Ese paso lo daría algunos años después, en 1871, en su obra *El origen del hombre y la selección en relación al sexo.* Este libro tardaría casi una década en publicarse en España. Vio la luz en 1880, justo inmediatamente después del descubrimiento de las pinturas de la cueva de Altamira. La nueva obra de Darwin vino a exacerbar las posiciones antagónicas e hizo que los debates, que hasta entonces habían mantenido un cierto carácter científico, se convirtieran en vehementes disputas donde, en muchas ocasiones, los argumentos fueron sustituidos por diatribas donde dominaba más la pasión y la visceralidad. La teoría de Darwin, que venía a dar un importante soporte a muchos de los planteamientos sostenidos por quienes ya empezaban a ser denominados como prehistoriadores, avivó de forma intensa el fuego de la discordia.

Frente a las tesis evolucionistas, que muchos denominaban como darwinismo, se alzaban los defensores del creacionismo cuyo sustento se encontraba en las creencias religiosas. Según sus planteamientos, el universo y todos los seres vivos que podían encontrarse en él eran el resultado de la creación divina, es decir de un acto concreto de la divinidad y, por lo tanto, resultaban inadmisibles los planteamientos de un proceso de cambio y adaptación. Para los más exaltados era poco menos que «enmendar la plana» a Dios.

La difusión de las pinturas de Altamira se produjo, pues, en un momento donde el enfrentamiento entre los evolucionistas y los creacionistas estaba en su cenit. Ciertamente no se daba el ambiente más favorable para la acogida de un descubrimiento que venía a señalar que el «hombre antediluviano» había sido capaz de dejar muestras de una extraordinaria creatividad artística como la que estaba plasmada en la bóveda de la cueva de Santillana del Mar. Por otro lado, su extraordinaria belleza y calidad ponían en cuestión las tesis de Darwin, quien sostenía que el hombre prehistórico, al encontrarse en un estadio inicial del proceso de evolución, era un ser primitivo y salvaje, cuyas posibilidades creativas estaban muy limitadas. Lo que representaban aquellas pinturas era algo que rompía muchos de los esquemas en que se basaban los nuevos planteamientos defendidos por los prehistoriadores. Venían a señalar la existencia de capacidades muy superiores a las que hasta entonces se habían dado al «hombre antediluviano».

Sin el soporte de una ciencia que gozase del reconocimiento académico, el descubrimiento de las pinturas se convirtió en blanco de las iras de quienes pensaban que la prehistoria era una patraña elaborada con la perversa intención de hacer daño a las creencias religiosas. Pero Sanz de Sautuola y Vilanova y Piera también se encontraron en su defensa del carácter prehistórico de las pinturas con el rechazo del otro bando. En gran medida se situaron en el punto de mira de ambas posiciones que, por razones muy diferentes, se negaban a reconocer el valor de las pinturas e incluso en algún caso fueron considerados como falsarios.

Particularmente dolorosos resultaron para ambos los ataques por parte de quienes luchaban por construir la nueva ciencia que trataba de configurarse como una disciplina de rango universitario. Ése era un estatus que aún no había alcanzado y cualquier veleidad o ligereza podía resultar muy perjudicial.

La condena de Altamira y sus pinturas en congresos y reuniones científicas de carácter internacional fue demoledora. Incluso en algún momento sirvieron para escarnecer a sus defensores. La razón de esa sinrazón tenía como fundamento que el descubrimiento de Altamira no encajaba en los parámetros científicos del momento. Suponían una novedad inadmisible para el nivel de conocimientos de la época. Su perfección artística era incompatible con el concepto de hombre primitivo que se tenía en aquel momento y que no tenía capacidad para una creación artística como la que se apreciaba en aquellos bisontes y toros. Era algo que resultaba inadmisible, por demasiado valiosa, para los conocimientos de una ciencia que se encontraba en pañales.

En las páginas siguientes nos acercaremos a la atracción que desde muy antiguo ejercieron los descubrimientos de restos fósiles y pétreos. Muchos de ellos llenaron las vitrinas de los llamados gabinetes de maravillas, donde los aristócratas, miembros de la alta burguesía o los propios reyes, los exponían como meros objetos de curiosidad, sin pretensiones científicas. Asimismo, dirigiremos nuestra atención a mostrar los balbuceos de la prehistoria como ciencia y nos detendremos en algunos de los principales descubrimientos que se convirtieron en los hitos fundamentales de lo que podemos considerar el tiempo de su configuración científica. Fueron unos años apasionantes en que los «restos fósiles» pasarán de ser el pasatiempo de nobles o burgueses adinerados con un afán de coleccionismo y exhibición, a convertirse en el objetivo de los eruditos interesados por los hallazgos que se producían en lugares apartados y recónditos. Ello nos permitirá acercarnos al ambiente científico que se vivía en el momento del descubrimiento de las pinturas de Altamira. Abordaremos las circunstancias en que tuvo lugar su descubrimiento y las consecuencias del mismo, así como a la polémica y, en gran medida, al drama vivido por Sanz de Sautuola y el propio Vilanova y Piera, quienes fallecieron antes de que fuera reconocida la importancia de aquellas pinturas, que acabarían por hacer que la cueva de Altamira fuera considerada como la Capilla Sixtina del arte prehistórico. Concluiremos con el proceso que llevó a su reconocimiento y a la rectificación de algunos de sus más enconados detractores. Tal fue el caso, entre otros, del famoso prehistoriador francés, Émile Cartailhac, quien desde el primer momento se mostró desdeñoso con las pinturas, negándose reiteradamente a visitarlas. Acabaría escribiendo un opúsculo, donde rectificaba su postura, en parte culpando a otros, que publicó con el significativo título de: «*Las cavernas decoradas con dibujos. La caverna de Altamira, España. Mea culpa de un escéptico*».

CAPÍTULO I

LOS GABINETES DE MARAVILLAS

La gran expansión europea iniciada a finales del siglo xv y que se desarrolló lo largo de las centurias siguientes, impulsada en un primer momento por los navegantes portugueses y españoles, amplió de una forma extraordinaria los límites del mundo hasta entonces conocido. Los primeros buscando una ruta que les permitiese llegar a Oriente circunvalando el continente africano y los segundos, asumiendo los mayores riesgos que suponía adentrarse en el océano Atlántico, conocido entonces como el mar Tenebroso.

Para la gente de esta época de grandes descubrimientos geográficos, la visión que hasta entonces se tenía del mundo era limitada: Europa, los bordes del norte del continente africano, cuyo interior fue hasta avanzado el siglo xix una tierra ignota, y Asia de la que más allá de la India sólo se conocían lo que algunos intrépidos viajeros medievales, como Marco Polo que, siguiendo la llamada ruta de la seda, había llegado a la corte de Kubilai Khan, habían relatado. También era una realidad conocida el que, desde sus bases del mar Rojo, los comerciantes árabes surcaban con sus barcos las aguas del Índico. El conocimiento del mundo que tenían los europeos de entonces era muy reducido desde un punto de vista espacial. Las dimensiones de la Tierra —sobre la que todavía algunos seguían sosteniendo que su forma era plana, si bien la teoría de su esfericidad era ya comúnmente aceptada— se tenían por mucho más reducidas de lo que eran en realidad.

Asimismo, eran tenidas como verdaderas muchas de las leyendas que habían circulado a lo largo de la Edad Media acerca de la existencia de lugares maravillosos como la isla de San Borondón o las Siete Ciudades de Cíbola, cuya riqueza era legendaria. Se hablaba de la existencia de territorios gobernados por reyes míticos, como podía ser el llamado Preste Juan. Circulaban rumores acerca de tierras habitadas por seres extraños con formas caprichosas. A veces, los cartógrafos representaban en los mapas animales monstruosos, como las sierpes o los dragones que surcaban las peligrosas aguas del mar Tenebroso y eran capaces de engullir los barcos que tenían la desgracia de encontrarse con tales monstruos marinos. Era admitida como verdadera la existencia de animales exóticos a los que se atribuían virtudes misteriosas. Tal era el caso del unicornio del que se decía que tenía cuerpo de caballo, barbas de chivo y un único, largo y retorcido cuerno al que se otorgaban extraordinarias propiedades curativas y cuyas raspaduras eran utilizadas por la farmacopea de la época, como una medicina costosísima al alcance de muy pocos bolsillos.

A partir del primer viaje de Cristóbal Colón, que conducirá a los españoles a las tierras del otro lado del Atlántico, llevándoles a territorios desconocidos hasta entonces por los europeos —sólo se tenían referencias vagas de su existencia—, se fueron, poco a poco, abriendo rutas marítimas por las que transitarán en las décadas siguientes los descubridores y conquistadores españoles. Al mismo tiempo, los viajes de los marinos y descubridores portugueses, que, pacientemente, bordearon la costa africana hasta que Vasco da Gama logró doblar el entonces llamado cabo de las Tormentas —más tarde rebautizado con el nombre de Buena Esperanza— abrieron para los lusitanos la llamada ruta oceánica de las especias por las aguas del océano Índico. Fueron aquellos osados navegantes españoles y portugueses quienes ampliaron de forma sustancial los límites del mundo conocido hasta entonces por los europeos, propiciando que el eje del mundo se desplazara desde el núcleo mediterráneo hasta los países que se abrían a la fachada atlántica.

En ese ambiente eran muchos, principalmente entre las clases más acomodadas, quienes mostraban una creciente curiosidad por las novedades que deparaban esos viajes. Para lo que interesa a nuestro propósito, señalemos que los navegantes europeos traían de los lugares lejanos a los que llegaban, plantas, animales, piedras y objetos extraordinarios, entre estos últimos muchos eran falsificaciones para consumo de incautos.

Fue, pues, a lo largo del siglo XVI y como consecuencia de los descubrimientos de tierras ignotas, que iban dibujando un mundo muy diferente al conocido hasta entonces por los europeos, cuando fueron llegando a Europa, además de especias, oro, plata, maderas preciosas o tintes valiosos, extraños objetos, procedentes de los tres reinos de la naturaleza.

Se trataba de animales desconocidos, de sus esqueletos o simplemente de sus huesos, de plantas exóticas o de piedras extrañas bien por su textura o por sus formas caprichosas. Atraían la atención por su rareza, su forma, su llamativo color, o simplemente porque se trataba de fósiles. La botánica, la zoología y la mineralogía vivieron una época de gran agitación ante una auténtica avalancha de descubrimientos de nuevas especies de las que no se tenía conocimiento hasta entonces. Esos nuevos animales, plantas o minerales despertaron el interés de los hombres de ciencia, que centraban sus esfuerzos en tratar de encuadrarlas científicamente, sistematizarlas y estudiar sus propiedades. Muchas de esas novedades fueron recibidas con reticencias y encontraron el rechazo académico muy anclado en las teorías tradicionales.

El interés y la admiración que despertaban no se circunscribieron al mundo de los científicos, también atrajeron a otra clase de gente que sólo veía en ellas objetos extraordinarios, dignos de ser exhibidos. Todas esas novedades estimularon el afán por el coleccionismo entre quienes podían permitirse pagar, en ocasiones, sumas considerables por un objeto extraño. Los príncipes, la aristocracia y la alta burguesía eran conscientes de que el poseer tales curiosidades era una forma de hacer también ostentación de su poder económico. El fin, pues, de la acumulación de dichos objetos era, más allá de exhibir las piezas, proporcionar prestigio a su propietario o a la institución que lo poseía. Tener un gabinete donde se amontonaban en el sentido literal del término tales «maravillas» era un signo de distinción.

Así fue como surgieron a partir del siglo XVI los llamados Gabinetes de Maravillas o Cuartos de Maravillas, que vivieron sus momentos de mayor esplendor durante los siglos XVI y XVII y buena parte del XVIII, antes de iniciar una decadencia que los llevaría a su práctica desaparición a lo largo del siglo XIX, cuando los museos se convirtieron en la forma de exhibir las obras de arte o piezas de valor para alguna de las ciencias, a las que se consideraba con el mérito suficiente para ser admiradas por el público.

En esos Gabinetes de Maravillas se exhibían objetos procedentes de las partes más remotas del planeta. Lugares a los que los europeos llegaban por primera vez. También se incorporaron a ellos toda clase de artefactos curiosos, acompañados de pinturas, esculturas o piezas arqueológicas. En algunos se mostraban también fósiles, a los que no se daba antigüedad y se consideraban sólo como «petrificaciones». También se exhibieron algunos restos óseos sin que se les asignaran mayores especificidades.

El principal objetivo de estos gabinetes —su calificativo de maravillosos es suficientemente elocuente— era causar la admiración de los visitantes ante la visión de los objetos insólitos o los seres extraños que allí se exhibían. En muchos casos se trataba simplemente de seres que mostraban llamativas malformaciones, como podían ser unos siameses o un animal con dos cabezas.

En la inmensa mayoría de los casos ese deseo de coleccionismo que alentaba a sus propietarios se encontraba muy alejado de los planteamientos científicos. Eran poco más que una especie de «almacenes distinguidos» sin mayores pretensiones que la exhibición. Aunque en algunos casos sus propietarios no perdieron de vista el valor científico que podían tener esas colecciones.

En España hubo algunos de esos gabinetes y a principios del siglo XVIII, en 1712, cuando los Gabinetes de Maravillas vivían aún su época dorada, Felipe V ordenó la creación de un Gabinete que estuviera ligado a la Biblioteca Nacional, lo que apunta al carácter científico que deseaba darle el primer Borbón que reinaba en España. Señalaba el monarca en el Real Decreto de su constitución que «servirá mucho juntar en la misma Librería las cosas singulares, raras y extraordinarias que se hallan en las Indias y partes remotas he resuelto (encargar y mandar) a mis Virreyes del Perú y de Nueva España, Gobernadores, Corregidores y otras cualesquier personas, así eclesiásticas como seglares, que puedan concurrir a ello, pongan con muy particular cuidado toda su aplicación en recoger cuantas pudieren de estas cosas singulares, bien sean piedras, animales, plantas, frutas y de cualquier otro género que no sea muy común».

No deja de llamar la atención que, mucho más tarde, en las décadas que marcaron la España isabelina, cuando se decidió la construcción de un gran edificio que albergara la Biblioteca Nacional se decidiera que compartiendo el mismo cuartel urbano, se alzase el Museo Arqueológico Nacional.[1] Se explica esa decisión porque, ya a mediados del siglo XIX, algunos de los Gabinetes de Maravillas que no habían desaparecido se ligaron a importantes bibliotecas, sobre todo los que fueron concebidos con una finalidad que iba más allá del puro y simple coleccionismo o la exhibición de rarezas, buscando también el conocimiento científico a través de las especies exhibidas. Algunos de estos gabinetes fueron con el

1. Alejandro Marcos Pous: *Origen y desarrollo del Museo Arqueológico Nacional* en De Gabinete a Museo. *Tres siglos de historia*. Museo Arqueológico Nacional. Museo Arqueológico Nacional-Ministerio de Cultura. Madrid, 1993. Páginas 21-99.

paso del tiempo el germen de más de un museo o, cuando menos, algunas de sus colecciones pasaron a formar parte de dichos establecimientos. Ese cambio, que certificaba la muerte de los Gabinetes de Maravillas como simples almacenes expositores de objetos que había sido la causa de su nacimiento, ocurrió cuando las ciencias que se encargaban del estudio de algunos de esos objetos extraordinarios daban pasos importantes. Ese fue el momento en que los museos pasaron a un primer plano y, en cierto modo, se convirtieron en herederos de los gabinetes.

Será en los museos de ciencias naturales, que vivirán un extraordinario desarrollo a lo largo del siglo XIX, donde esa relación se vea de forma más patente. En la actualidad muchos de sus fondos, los que tenían un carácter más científico, son de esa procedencia.

En definitiva, aquellas curiosidades buscadas por viajeros, a veces sin el menor carácter científico y sólo por lo que tenían de portentos, y expuestas con escasos planteamientos científicos, en algunos casos fueron despertando la curiosidad de los científicos y acabaron siendo el germen de un conjunto de ciencias como la paleontología, la geología o la antropología en cuya raíz se encuentra la curiosidad y conservación de viejos restos óseos y pétreos relacionados con la antigüedad de la presencia del hombre sobre la Tierra, que con el paso de los años alumbraron lo que acabaría por denominarse como prehistoria.

CAPÍTULO II

CUANDO LA PREHISTORIA NO EXISTÍA COMO CIENCIA

Desde la Antigüedad los fósiles, llamados durante mucho tiempo «petrificaciones», habían despertado la curiosidad de los naturalistas y eruditos. En el siglo XVI se convirtieron en piezas importantes de las colecciones que constituían los Gabinetes de Maravillas y eran objeto de debates y polémicas sobre su origen.

Para los eruditos de la época la existencia de los fósiles planteaba un abanico de interrogantes para los que no se tenía una respuesta convincente. No se tenían muchas dudas acerca de que se trataba de «petrificaciones» de lo que en otro momento habían sido esqueletos de seres vivos o simples restos de sus osamentas, pero ahí acababan las certezas. Acerca de lo que había ocurrido para que se petrificasen se tenían interpretaciones muy diferentes que, en muchos casos, conducían a la formulación de hipótesis sobre el origen de la Tierra y también del hombre.

Durante décadas se trataron de buscar explicaciones sin salirse del marco establecido por el relato bíblico, ya que éste era incuestionable en tanto suponía la palabra de Dios que había sido revelada a los hombres. En el Génesis, primero de los libros que constituyen el Antiguo Testamento, estaban recogidos dos relatos que eran especialmente interesantes para los científicos de la época. Uno de ellos se refería a la creación del mundo. El otro contaba el castigo que la divinidad había infligido a la humanidad en forma de un terrible diluvio de proporciones universales, como castigo a la maldad y los pecados de los hombres. En consecuencia, la explicación de la existencia de los fósiles había de concordar con ellos.

La idea de que el origen de los fósiles se encontraba en el diluvio que se relataba en la Biblia era la tesis que se defendía en la Royal Society inglesa a mediados del siglo XVII y que se extendía por Europa a comienzos del siglo XVIII. Ese planteamiento tuvo una acogida muy favorable entre los ilustrados españoles a través de un libro, traducido en nuestro país por un miembro de la Compañía de Jesús, el padre Terreros. Se titulaba *Espectáculo de la Naturaleza* y su autor era el abate Nöel Pluche.[1]

El libro de Pluche era uno de los muchos estudios que trataban de encontrar una explicación para que el conocimiento de la humanidad más remota estuviera en consonancia con el relato bíblico. Se asumía que el origen de la humanidad había que situarlo en un tiempo anterior

1. El título original respondiendo a los criterios imperantes en la época —títulos explicativos muy largos— era: *Spectacle de la nature, ou Entretiens sur les particularités de l'histoire naturelle qui ont paru les plus propés á rendre les jeunes gens curieux et á leur former l'esprit,* 9 volúmenes. París, 1732-1742.

a la existencia de las fuentes escritas, que era cuando se consideraba que arrancaba la historia. Sin embargo, todas las explicaciones tenían un carácter historicista, ya que el origen del hombre había de rastrearse a través de los textos que ofrecían las Sagradas Escrituras.

El problema surgía cuando al tomar como referencia lo que se contaba en la Biblia, no era posible alargar en el tiempo la existencia de la vida sobre el Tierra y eran muchos los que sospechaban que el origen de los fósiles se encontraba en una época mucho más antigua que la señalada por la cronología que se había asignado a la creación del mundo. Algunos habían puesto fecha al relato bíblico y su antigüedad no concordaba con la existencia de los seres vivos que habían acabado «petrificados».

A mediados del siglo XVII, James Ussher, un obispo anglicano de la diócesis de Armagh, en Irlanda, había realizado una serie de cálculos en virtud de los cuales había llegado a la conclusión de que la creación tal y como estaba recogida en el Génesis había comenzado la tarde de la víspera del domingo 23 de octubre del año 4004 a. de C. del calendario juliano, que era por el que se regían los anglicanos, pues habían aceptado por aquellas fechas la reforma promovida por el papa Gregorio XIII en 1582.[2] Ésta del calendario no era una cuestión baladí, dada la precisión con que el obispo Ussher había señalado el momento de la creación. Para ajustar el calendario

2. La obra de Ussher, titulada *Annales veteris testamenti, a prima mundi origine deducti* («Anales del Antiguo Testamento de los que se deducen los orígenes primeros del mundo») fue publicada en 1650. La precisión con que señalaba la fecha de los acontecimientos fue la base de la gran credibilidad que le otorgaron sus contemporáneos. Señalaba que la creación de la Tierra se produjo la tarde del sábado 22 de octubre de 4004 a. de C., exactamente a las siete de la tarde. La expulsión de Adán y Eva del paraíso terrenal fue pocos días después, el lunes 10 de noviembre del mismo año. El día en que el Arca de Noé se posó en el Monte Ararat fue el 5 de mayo de 2348. Su cronología tuvo una gran difusión porque se publicaba al pie de las ediciones inglesas de la Biblia.

juliano a la reforma gregoriana, que buscaba eliminar el desfase que lo largo del tiempo se había producido, se utilizó la fórmula de suprimir los días que van del 4 al 11 de octubre de aquel año.

Por las mismas fechas que James Ussher hacía pública su fecha de la creación, John Lightfoot[3] daba a conocer su propia cronología para dicho acontecimiento. También consideraba que la creación había comenzado en una fecha próxima al equinoccio de otoño, como había señalado Ussher, pero no era en el año 4004 a. de C. sino en 3929.

La llamativa precisión de las cronologías que Ussher y Lightfood ofrecían se debía a que ambos había utilizado una fórmula muy similar para sus cálculos y que era muy parecida a la que estableció mucho antes, en el siglo VIII, Beda el Venerable en su libro *De Temporum retione*; Beda situaba el origen de la creación en 3952 a. de C. Una fecha muy próxima a la que estableció, medio siglo antes que Ussher, el francés Joseph Justus Scaliger, quien consideraba el momento de la creación en el año 3949 a. de C.

Todas esas fechas tenían en común que señalaban una escasa antigüedad para la Tierra, ya que no se prolongaba más allá de los seis mil años de antigüedad. Muy pronto las dudas empezaron a arrojar sombras sobre dicha interpretación porque para los geólogos no parecía plausible un origen de la Tierra tan cercano. La batalla estaba servida, ya que los planteamientos de una antigüedad mayor defendida desde el campo geológico no lograron imponer sus tesis con facilidad.

3. Las coincidencias entre Ussher y Lightfood han llevado a utilizar el término «cronología Ussher-Lightfood».

Al descubrimiento de «petrificaciones», principalmente en las laderas de las montañas, se añadieron nuevos hallazgos a los que cada vez se daba más importancia. Esos hallazgos también apuntaban a tiempos antiguos para los que la ciencia no tenía una explicación adecuada. Entre ellos se encontraban restos óseos de animales antiguos, muchos de los cuales habían desaparecido por alguna circunstancia desconocida; para explicar esa desaparición se acudía a la catástrofe que significó el diluvio, pero la cronología no encajaba. Entre esos hallazgos se encontraban también unos objetos que provocaban mayores disputas que las generadas por la posible existencia de unos animales extinguidos. Se trataba de material lítico.

Algunos eruditos sostenían que esas piedras, encontradas a veces junto a restos óseos, difícilmente podían haber sido modeladas por la naturaleza. Esa posibilidad abría numerosos interrogantes porque admitir su existencia como objetos que tenían un origen artificial suponía aceptar que eran el resultado de la acción del hombre. En este caso el rechazo de la comunidad científica y de los círculos académicos era generalizado porque admitir que tenían un origen artificial incrementaba todavía más los graves problemas con que ya se encontraba la cronología. Según el relato del Génesis el hombre había sido creado en el estadio final del proceso creativo que había llevado a cabo la divinidad.

Durante las primeras décadas del siglo XIX se trató de encajar la existencia de los fósiles, algunos de ellos de gran tamaño, en los relatos bíblicos. Esos fósiles se atribuían a grandes mamíferos e incluso a seres humanos gigantescos que habían desaparecido de la faz de la Tierra como consecuencia del diluvio. No obstante, eran ya muchos los que no aceptaban tal explicación y pensaban que los fósiles encerraban una oscura historia que resultaba mucho más compleja y que era más difícil de interpretar. Veían en los fósiles testimonios de un tiempo pasado del que se carecía de información, más allá de lo que se recogía en el Antiguo Testamento. No se albergaban dudas de que pertenecían a lo que se denominaba, sin mayores precisiones, como la «época antediluviana», pero la cronología anterior al diluvio no podía ser tan corta como se había supuesto. Empezó a especularse con la posibilidad de que existiera una larga etapa de la humanidad anterior a la catástrofe bíblica en la que resultaba harto complicado penetrar.

En esa situación, desde una fecha muy temprana del siglo XIX, las polémicas, muchas veces atizadas desde las páginas de los periódicos, sobre la antigüedad del hombre sobre la Tierra cobraron una importancia creciente y desbordaron el reducido marco en que se habían desenvuelto hasta entonces. A lo que podemos denominar ampliación del interés social por las «petrificaciones» se añadió, conforme las posturas sobre la cronología de Ussher-Lightfood y la antigüedad del hombre se distanciaron, el carácter de confrontación religiosa que adquirieron las polémicas y que hasta entonces se había tratado de evitar, pero los descubrimientos y hallazgos cada vez más numerosos hicieron que resultara imposible.

CAPÍTULO III

CATASTROFISMO Y UNIFORMISMO

La necesidad de buscar una explicación a la existencia de los restos que evidenciaban una antigüedad mayor que la admitida hasta entonces para la presencia de vida en la Tierra, y de la Tierra misma, hizo que a lo largo de la primera mitad del siglo XIX se construyeran numerosas teorías sobre su origen. Las dos más importantes fueron el catastrofismo y el uniformismo.

El catastrofismo basaba sus planteamientos en la existencia de una cadena de catástrofes, de ahí su nombre. Dejaba abierta la posibilidad de que esas catástrofes fueran universales o que se limitaran a un espacio geográfico concreto. En cualquier caso sus efectos eran demoledores y acababan con la existencia de toda forma de vida, exterminando a todos los seres vivos que en ese momento existían. Concluida la catástrofe y sus letales consecuencias, comenzaba un nuevo ciclo: la vida surgía otra vez sobre el orbe. Podía hacerlo a partir de una nueva creación divina si la catástrofe había sido de carácter universal. En el caso de que la catástrofe hubiera afectado a un espacio geográfico limitado se contemplaba la posibilidad de que la aparición de los organismos vivos en la zona afectada se debiera a la emigración de seres procedentes de otras zonas sobre las que no se hubiera abatido el desastre.

La figura clave del catastrofismo fue Georges Cuvier (1769-1832), gran impulsor de la anatomía comparada, lo que le permitió reconstruir gran número de fósiles a partir de los restos encontrados.[1] Fue un brillante paleontólogo y colaboró de forma decisiva a impulsar los estudios de estratigrafía. Algunos de sus seguidores llevaron sus planteamientos catastrofistas hasta el extremo de señalar un número preciso de catástrofes. Alcide D'Orbigny, un famoso naturalista y paleontólogo, autor de una monumental obra: *Voyage dans l'Amerique Méridionale*,[2] que algunos han comparado con la obra de Alexander von Humboldt,[3] llegó a señalar que en la Tierra se podían constatar veintitrés épocas geológicas y, en consecuencia, se habían producido otras tantas catástrofes, después de las cuales la vida había iniciado un nuevo proceso con nuevas especies animales.

1. Georges Cuvier fue un naturalista francés que promovió en su país, donde desempeñó importantes cargos, la anatomía comparada y la paleontología. Los estudios sobre esta última disciplina lo llevó a concebir la historia de la Tierra como una sucesión de catástrofes que iban destruyendo los seres existentes en ese momento sobre el planeta.

2. *Voyage dans l'Amérique méridionale*, 11 volúmenes, Pitois-Levrault. París, 1835-1847.

3. Alexander von Humboldt fue un geógrafo y naturalista alemán, considerado el padre de la moderna geografía. Fue un hombre de saber enciclopédico, un humanista que viajó por amplias zonas del planeta recogiendo datos sobre diferentes aspectos de la realidad de la Tierra y la actividad humana que le sirvieron de base para la redacción de una amplia obra, en la que destaca su ensayo: *Viaje a las regiones equinocciales del Nuevo Continente.*

Para Cuvier y los catastrofistas las sucesivas aniquilaciones de la vida eran debidas a una serie de diluvios. Esos diluvios eran los que daban lugar a la sedimentación de los restos de animales y a los correspondientes depósitos de fósiles. La explicación de que las catástrofes eran provocadas por diluvios permitían a Cuvier encajar sus hipótesis con el relato bíblico al tiempo que enlazaba con los mitos y leyendas que se referían a la desaparición catastrófica de otras culturas como era el caso de la Atlántida, cuya refinada civilización desaparece en medio de un gran cataclismo.

El principal problema al que se enfrentaban Cuvier y sus seguidores era que en la Biblia no se hacía referencia a una cadena de creaciones y sólo se recogía un diluvio universal, el que relata cómo únicos supervivientes a Noé y su familia. La teoría del catastrofismo salvaba esa dificultad señalando que el diluvio de Noé era la última de las grandes catástrofes que habían sacudido la Tierra. El relato bíblico simplificaba la larga cadena de catástrofes y las reducía a una sola para aligerar un texto que habría sido excesivamente reiterativo, pero mantenía la esencia de lo ocurrido.

Para acabar de encajar su teoría con el relato bíblico, Cuvier rechazaba la posibilidad de que se pudiera encontrar un hombre fósil. Consideraba que la aparición de los seres humanos sobre la Tierra era demasiado reciente para que hubieran podido fosilizarse. Ésa era la explicación que encontró para armonizar la creación divina del hombre, tal y como aparecía en la Biblia, con la antigüedad de los depósitos de sedimentos, habida cuenta de que la cronología admitida por Cuvier sólo se refería a los seis mil años. Pese a sus esfuerzos por encajar el relato del Antiguo Testamento, sus planteamientos eran rechazados por los defensores más estrictos del contenido de la Biblia quienes defendían la literalidad del texto sagrado.

En el otro extremo, el de quienes no consideraban el relato bíblico como una fuente fiable para conocer el origen de la Tierra y de la humanidad, su tesis también era rechazada. Resultaban inadmisibles los ciclos catastróficos como explicación a la existencia de los restos fósiles en los diferentes estratos que ofrecía la superficie de la Tierra.

La otra gran teoría para explicar la existencia de los fósiles era el uniformismo. Concebía la Tierra como el resultado de un largo proceso de formación y que se fue configurando con el paso del tiempo. Los agentes que modelaban la superficie de la Tierra y habían dado lugar a la existencia de los fósiles eran siempre los mismos. Ejercían su influencia de forma lenta y continuaban haciéndolo en la época en que se formuló la teoría. El uniformismo tuvo su principal representante en el británico Charles Lyell[4] (1797-1875) quien ejerció profesionalmente como abogado, pero su verdadera pasión fue la geología, ciencia de la que es considerado como uno de sus padres fundadores. El planteamiento de Lyell obligaba a admitir una larga vida para la Tierra, al sostener que era la lenta acción de los agentes la que erosionaba su superficie. Ese planteamiento sólo era explicable desde la base de la existencia de largos periodos de tiempo.

4. Charles Lyell está considerado uno de los fundadores de la moderna geología y uno de los principales cultivadores de la teoría uniformista para explicar la formación de la Tierra, que ya había sido formulada por James Hutton. Sus *Principies of Geology*, publicada entre 1830 y 1833, es una obra básica. Impulsó también el crecimiento de la prehistoria como ciencia. Fue uno de los científicos británicos que se desplazó hasta Abbeville para conocer los trabajos y descubrimientos de Boucher de Perthes, a los que dio gran difusión.

Las tesis uniformistas se situaban en las antípodas del relato bíblico, que daba a la creación una fecha que sólo se alejaba del presente unos cuantos miles de años, mientras que la configuración de la Tierra era el resultado de un proceso largo y continuado. La existencia de depósitos de fósiles no era el resultado de una súbita catástrofe. Los planteamientos de Lyell apostaban por la existencia de épocas anteriores a los periodos históricos. Se empezaba a hablar de la existencia de un recorrido de la humanidad anterior a lo que hasta entonces se había considerado como la historia. Todavía se estaba muy lejos de acuñar el término de «prehistoria», pero se empezaba a tomar conciencia de que había un largo periodo de tiempo acerca del cual no se tenían registros, pero en los que era una realidad la existencia del hombre sobre el planeta. Algunos empleaban, para referirse a este periodo de la humanidad, el término «ante-historia».

El uniformismo generaba dos problemas importantes en el ambiente científico de la época. El primero era la contradicción que su tesis planteaba con el relato bíblico. El segundo era una cuestión de carácter metodológico relacionado con la forma de poder acercarse al conocimiento de esa etapa de la humanidad.

Muy pronto se abrió paso entre un sector del mundo científico la idea de que la clave para encontrar una explicación se encontraba en los estratos donde se depositaban los sedimentos. La ciencia que se encargaba de estudiarlos, la paleontología, estaba en sus balbuceos y a todo ello se sumaba una dificultad: los restos —el material lítico— no eran sólo de carácter paleontológico, sino que se sospechaba que al menos una parte de los mismos era producto de la actividad humana y por lo tanto se trataba de manifestaciones elementales de una cultura acerca de la cual se desconocía absolutamente todo.

La recogida de esos materiales no era una novedad. Desde hacía varios siglos, aquellas piezas que resultaban llamativas habían ido a parar a los Gabinetes de Maravillas. Hasta entonces sólo habían sido objeto de la atención de los coleccionistas, como ya se ha explicado en el capítulo 1. Ahora se producía un cambio radical y la rareza y curiosidad dejaban paso a la posibilidad de que esos restos pudieran aportar una valiosa información sobre la humanidad de los tiempos antediluvianos. Se estaba muy lejos de un conocimiento sistemático, pero se comenzaban a dar los primeros pasos en el camino de lo que iba a conocerse como prehistoria.

La primera tarea era dilucidar cuáles de esos restos eran producto de la acción del hombre y podían proporcionar alguna información acerca de dicha actividad.

CAPÍTULO IV

COMIENZA LA PREHISTORIA

El nacimiento de la prehistoria como ciencia fue un parto doloroso. Una especie de camino de espinas que los prehistoriadores de las décadas en que se configuró como disciplina científica hubieron de recorrer, por lo general, en medio del escepticismo de los círculos académicos, cuando no del rechazo que, en algunos casos, se convirtió en una detestable mofa. Los trabajos de estos pioneros de la prehistoria vieron la luz en medio de un ambiente intelectual que, salvo raras excepciones, se mostraba hostil.

Sus primeros pasos están íntimamente ligados a la geología, que en el primer tercio del siglo XIX logró consolidarse como una ciencia, pese a que parte importante de sus teorías encontraban el rechazo de los sectores más conservadores de la sociedad de la época. Unos sectores ligados a planteamientos creacionistas, que sostenían como dogma indiscutible el relato que acerca de los orígenes de la Tierra ofrecían las Sagradas Escrituras.

En ese ambiente, la primera vez que se tiene constancia de que fuera utilizado el término «prehistoria» fue en Francia, en torno al año 1830. Lo empleó un farmacéutico llamado Paul Tournal,[1] gran aficionado a la espeleología. Tournal utilizó el término «prehistoria» para referirse a una serie de objetos que había encontrado en sus incursiones en el interior de las cuevas y que situaba cronológicamente en un tiempo anterior a la existencia de la escritura. En su opinión dichos objetos habían sido elaborados por el hombre. Dos décadas más tarde, en 1851, el arqueólogo británico Daniel Wilson utilizaba la palabra prehistoria para titular una de sus obras: *The Archeology and Prehistorics Annals of Scotland.* Wilson se refería a un tiempo indeterminado, pero que era anterior a lo que se denominaba historia. En España la denominación no sería empleada por primera vez hasta finales de 1867. Lo hizo Francisco María Tubino[2] en un artículo publicado en el periódico sevillano *La Andalucía.*

Casi al mismo tiempo en que Tournal utilizaba el término «prehistoria», se estaba incubando el germen de lo que podemos considerar el origen de la ciencia que se cobijará bajo este nombre. Entre 1830 y 1833 se publicaron los *Principies of Geology*, cuyo autor era el reputado geólo-

1. Paul Tournal está considerado por algunos como el padre de la prehistoria, nombre que se le ha dado también a Boucher de Perthes. Sus excavaciones en Bizé, una localidad del departamento del Aude en una fecha tan temprana como 1827, le llevaron a establecer, veinte años antes que Boucher de Perthes, una relación de contemporaneidad entre el hombre y ciertas especies de animales desaparecidos de la fauna europea.
2. Francisco María Tubino y Oliva (San Roque, Cádiz 1833-Sevilla 1888) fue un político, periodista e historiador andaluz que impulsó la arqueología prehistórica como ciencia. Siendo uno de los pioneros de la prehistoria andaluza y española. Junto a Juan Vilanova y Piera fue uno de los promotores de la Asociación Prehistórica Española.

go británico Charles Lyell,[3] quien sostenía que la antigüedad de la Tierra era mucho mayor que lo que señalaba el relato bíblico. La afirmación resultaba escandalosa en el ambiente intelectual de un tiempo en que se iniciaba la andadura de la llamada «era victoriana», caracterizada por el puritanismo que condicionaba numerosos aspectos de la vida de los británicos. La afirmación de Lyell abría la puerta a las dataciones cronológicas de los objetos que eran objeto de atención de eruditos y aficionados y venía a romper la cronología admitida para el origen de la Tierra y que la limitaban a un puñado de años. Asestaba el primer gran golpe a dicha cronología que encorsetaba las posibilidades de desarrollo científico.

En su libro explicaba como el paso del tiempo había producido una fuerte erosión en la superficie de la Tierra y que los materiales procedentes de ella se habían sedimentado formado estratos cuya antigüedad era muy superior a las fechas que se habían manejado a partir del relato bíblico, lo que provocó el rechazo de las Iglesias cristianas y de los sectores académicos ligados ideológicamente a dichas creencias, pese a que sus afirmaciones se limitaban al terreno de la geología y nada aventuraban acerca de la presencia del hombre sobre la Tierra. También su tesis cuestionaba los planteamientos catastrofistas de Cuvier, elaborados sobre la reinterpretación que el geólogo francés hacía del diluvio.

Por las mismas fechas en que el libro de Lyell veía la luz, Philippe-Charles Schmerling[4] publicaba una obra

3. Nos hemos referido en el capítulo anterior a Charles Lyell en su condición de teórico del uniformismo. Ahora nos acercaremos a alguna de sus actividades como prehistoriador.
4. Philippe Charles Schemerling (Delft 1791-Lieja 1836) fue un importante paleontólogo, que descubrió, según algunas opiniones, el primer resto de neanderthal. Se trataba de un trozo del cráneo de un niño, encontrado en la cueva de Engis, cerca de Lieja.

en dos volúmenes, titulada *Recherches sur les ossemens fossiles decouverts dans les cavernes de la Province de Liège.* En ella daba a conocer los resultados de cinco años de trabajos en una serie de cuevas próximas al curso del Mosela, en las proximidades de la ciudad de Lieja. Su contenido desafiaba todas las teorías aceptadas como científicas hasta aquel momento, al señalar que en un mismo estrato se encontraban restos de animales como el rinoceronte o el mamut, que habían desaparecido de Europa hacía mucho tiempo, junto a restos óseos humanos. A esos restos óseos se añadían algunos objetos de sílex que para Schmerling no eran obra de la naturaleza, sino que habían sido elaborados por el hombre. Sus afirmaciones eran tan revolucionarias que incluso el propio Lyell las rechazó, considerándolas elucubraciones fantásticas sin fundamento científico.

Lo que Schmerling afirmaba no era sólo una cuestión de cronología, sino que apuntaba a una presencia del hombre sobre la Tierra muy superior a la que se había barajado hasta entonces. En definitiva, sus planteamientos venían a romper con todas las cautelas que hasta aquel momento se habían tenido para no entrar en contradicción con el relato bíblico, pese a que en el contenido del Génesis no había la menor alusión cronológica al momento en que se había producido la creación. Esa circunstancia había hecho que en algunos sectores eclesiásticos, más proclives a aceptar las novedades, se asumiese que resultaba absurdo aferrarse a unas posiciones que eran cada vez más difíciles de sostener. El problema se encontraba en las deducciones cronológicas que se habían realizado y la comunidad académica había aceptado como válidas. El escándalo fue monumental, pero el debate no había hecho más que comenzar.

Nuevos descubrimientos, en la misma línea de los hallados en las cuevas de la ribera del Mosela, se hicieron en las terrazas del Somme. También allí, junto a los restos óseos, aparecía material lítico que no ofrecía dudas acerca de su elaboración. El autor de los nuevos descubrimientos era Jacques Boucher de Perthes[5] —su verdadero nombre era Jacques Boucher de Crèvecoeur—, a quien se considerará con el tiempo el padre de la prehistoria. En el caso de Boucher de Perthes, como en la práctica totalidad de los autores de estos descubrimientos, se trataba de un aficionado. Su profesión era la de funcionario de aduanas, pero por lo que sentía verdadera pasión era por la geología. Centró su atención en los restos aparecidos en Abbeville, una localidad francesa de la región de Picardía, cercana a Amiens. Se trataba de un abundante material lítico en el que predominaba una forma almendrada y que aparecían en una cantera, llamada el Molino Rojo de Quignon. Los obreros que trabajaban en la cantera donde aparecía este material se referían a él con el expresivo nombre de «lenguas de gato». Boucher de Perthes comprobó fascinado que el tallado de aquellas piedras era muy elaborado. En su opinión eso era algo que le permitía descartar que fuera obra de la naturaleza por lo que habían de ser, necesariamente, producto de la acción del hombre. Lo que aparecía en la cantera del Molino Rojo de Quignon era lo que más tarde se conocería como bifaces o hachas que presentaban una superficie

5. Jacques Boucher de Perthes fue un funcionario de aduanas francés que, tras pasar un tiempo en Italia, regresó a Francia. Su gran afición fue la prehistoria y en los años treinta realizó importantes descubrimientos en las terrazas del Somme, aunque no los dio a conocer hasta muchos años más tarde, cuando publicó su obra *Antiquités celtiques et antédiluviennes.* Está considerado como el padre de la prehistoria. Fue engañado por los obreros de la zona, que falsificaron algunas piezas afirmando que las habían encontrado en el Molino Rojo de Quignon, un yacimiento donde habían aparecido restos prehistóricos de extraordinaria importancia.

tosca, pero sin duda fruto de un proceso de elaboración. Convencido de que eran producto de la actividad humana, Boucher de Perthes lo explicó con todo detalle en su libro *Antiquités celtiques et antédiluviennes*. Una obra en tres volúmenes que fueron publicados respectivamente en 1849, 1857 y 1864.

En sus *Antiquités celtiques et antédiluviennes* trataba de demostrar la existencia de una humanidad anterior al diluvio bíblico, coincidiendo con la tesis señalada por Schmerling. Se basaba en los datos que proporcionaban la geología, la paleontología, la arqueología y la antropología. La acogida de su obra fue muy parecida a la que se había dispensado a la de Schmerling. La intelectualidad francesa la ignoró y entre los círculos académicos franceses, ligados por lo general a posturas muy conservadoras, se le despreció. Sus afirmaciones sobre una existencia del hombre mucho más antigua a la que se había dado por válida hasta entonces tenían algo de desafío a las verdades establecidas. En muchos ambientes sus planteamientos fueron considerados como una manifestación del ateísmo creciente que invadía a sectores cada vez más amplios de la sociedad europea, en la que se vivían grandes transformaciones en todos los órdenes de la vida y que llegaban de la mano de la revolución industrial.

En algunos casos, la reacción que despertaba Boucher de Perthes era de cierta benevolencia condescendiente, que podía resultar incluso más demoledora que el rechazo frontal del mundo académico. Había quienes desde una supuesta superioridad intelectual consideraban la existencia de un hombre antediluviano como una especie de pasatiempo, carente del menor valor científico. Podían entenderlo como una leyenda a la que se quería dar un soporte material para otorgarle visos de credibilidad.

A diferencia de lo ocurrido en Francia, el libro de Boucher de Perthes encontró cierto eco en Londres. Charles Lyell recapacitó sobre su rechazo a las afirmaciones de Schmerling, al comprobar que sus tesis tenían elementos comunes con los planteamientos sostenidos por Boucher de Perthes. Un grupo de geólogos y paleontólogos británicos, entre los que se encontraba el propio Lyell y alguna personalidad tan prestigiosa como Joseph Prestwich[6] —miembro de la Royal Society y un relevante geólogo muy ligado al mundo científico francés—, se desplazó hasta Abbeville. Quedaron impresionados con lo que allí vieron y fueron ellos quienes supieron valorar los trabajos del aduanero francés, dándole la difusión que merecían. Después de su visita a Abbeville, Lyell admitió la posibilidad de que la antigüedad del hombre se remontara muchos más años de los establecidos por los defensores del creacionismo. Llegó a plantear la posibilidad, algo que entonces resultaba escandaloso, de que esa antigüedad se remontara a los cien mil años.

En estos años centrales del siglo XIX y en las primeras décadas de su segunda mitad se sucedieron los descubrimientos. Johann Carl Fuhlrott[7] recibía de manos de un grupo de trabajadores de una cantera cercana a Düsseldorf, en la región de Renania-Westfalia —lo mismo que había ocurrido a Boucher de Perthes en el Molino Rojo de Quignon—, unos huesos que habían encontrado

6. Joseph Prestwich fue un hombre de negocios británico, aficionado a la geología, que se dedicó al estudio de la llamada «Era Terciaria». Fue miembro de la Royal Society y prestó su apoyo, algo que fue decisivo dado su prestigio, a las tesis sostenidas por Boucher de Perthes.

7. Johann Carl Fuhlrott (1803-1877) fue catedrático de historia natural en la Universidad de Tubinga y afirmó que el cráneo que le entregaron los trabajadores de una cantera era un cráneo de un hombre perteneciente a una raza algo diferente.

allí. Entre ellos había un cráneo procedente de una cueva cercana. Algunos miembros de la universidad opinaron que pertenecía a un oso, pero Fuhlrott consideró que aquel cráneo era humano, aunque hizo varias precisiones. El cráneo presentaba ciertas diferencias, algunas de ellas muy acusadas, respecto a los de los hombres de su época. Para aclarar aquellas dudas viajó hasta Bonn con el propósito de mostrárselo a un eminente anatomista, el profesor Hermann Schaaffhausen, que los identificó como humanos pertenecientes a una raza diferente.

Como no podía ser de otra manera, aquellas afirmaciones desataron la polémica. Numerosos hombres de ciencia consideraron que el cráneo de Düsseldorf correspondía a un animal desaparecido, incluso Rudolf Virchow, un destacado patólogo, cuyos trabajos e investigaciones habían permitido superar definitivamente la teoría clásica de los humores, según la cual las enfermedades derivaban de las alteraciones de los cuatro que había en el cuerpo, afirmó que aquellos restos pertenecían a un individuo aquejado de idiotez y raquitismo. También desde posiciones creacionistas se rechazó el cráneo que más tarde sería conocido como el «cráneo de neanderthal», al encontrarse la cueva donde había sido hallado cerca del valle del río Neander; una zona que a partir de entonces proporcionaría numerosos restos óseos.

Un poco antes de que apareciera el «hombre» de neanderthal se había encontrado otro, pero su hallazgo se mantuvo varios años en secreto. Había sido localizado en Gibraltar,[8] en una de las cuevas del promontorio.

8. El cráneo de Gibraltar fue encontrado en 1848 en la cantera de Forbes por el teniente Edmund Flint cuando excavaban en dicha cantera para obtener piedra. Su hallazgo, ocho años antes que el del valle del río Neander, se mantuvo en secreto, pese a que Flint lo registró en la actas de la Sociedad Científica de Gibraltar, de la que era secretario. Tras su

Cuando se compararon se comprobó que sus características eran similares. Estos hallazgos plantearon una nueva cuestión: estaban apareciendo en lugares muy distantes entre sí restos óseos y líticos. En algunos sitios se añadían otros restos de carácter metálico, labrados en bronce y en hierro. La interpretación de este hecho apuntaba a la existencia de una humanidad extendida por amplias zonas de Europa muchos milenios antes de lo que se había tenido por una verdad incuestionable hasta aquel momento. La polémica estaba servida entre los sectores ligados a los credos religiosos, que se mantenían fieles al relato bíblico, y quienes se mostraban partidarios de la existencia de una humanidad que no encajaba con quienes se aferraban a una determinada interpretación de las creencias religiosas.

La diferencias entre los restos encontrados, tanto líticos y metálicos como óseos, permitieron establecer una primera clasificación de ese periodo antediluviano que recibía denominaciones como la «Edad del Reno» o del «cuchillo» y que algunos habían empezado a denominarlo como «prehistoria». Esa clasificación era la llamada de «las tres edades» y había sido establecida por Jürgensen Thomsen con el fin de clasificar los objetos del museo de Copenhague. Se consideraba que esas tres edades, la de la Piedra, la del Bronce y la del Hierro, abarcaban el devenir de una humanidad de la que no se conservaban testimonios escritos. Eso significaba que sería a partir del material encontrado en las excavaciones arqueológicas como se abordaría el estudio de los aspectos que caracterizaron esa etapa de la humanidad que apuntaba, según todos los indicios, a que se trataba de un periodo mucho más largo desde el punto de vista

estudio se dictaminó que pertenecía a una mujer neanderthal.

cronológico que el de las edades propiamente históricas.

No obstante, a la luz de la gran variedad de material lítico que se iba encontrando, en 1865 el matemático y banquero londinense John Lubbock[9] estableció que a partir de dicho material la prehistoria debía de clasificarse en dos grandes fases que podían tener una continuidad cronológica. Una más antigua, que abarcaba el material obtenido mediante percusiones en el núcleo de la pieza con una piedra más dura y que daba como resultado objetos toscos, apenas desbastados, sería llamada Edad de la Piedra Antigua o Paleolítico. Otra fase, más próxima al tiempo de la historia, que ofrecía piezas más acabadas, caracterizadas por su superficie pulimentada se denominó como Neolítico o piedra nueva.

En España, por aquellos años, también se daban los primeros pasos en la configuración de la nueva ciencia. Se hacía, como en otros lugares de Europa, de la mano de geólogos e ingenieros de minas que en nuestro país —una potencia minera en el siglo XIX, aunque sus recursos eran explotados por compañías extranjeras— desempeñaron un papel muy importante en el nacimiento de nuestra prehistoria.

Las primeras prospecciones en yacimientos que contenían restos considerados prehistóricos, más allá de la búsqueda de curiosidades y rarezas que habían proporcionado materiales para los Gabinetes de Maravi-

9 John Lubbock estudió en profundidad el mundo de las probabilidades para aplicarlo al mundo de los seguros bancarios. Erudito, dedicó una parte importante de su tiempo a estudiar aspectos variados de la astronomía, como la influencia de la Luna en las mareas. Aficionado también a la prehistoria, rechazó las cronología de Ussher-Lightfoot y estableció que la prehistoria era un periodo de tiempo mucho más largo que era necesario dividir en etapas. Fue el primero en dar nombre a las edades de la piedra, distinguiendo entre Paleolítico y Neolítico.

llas, las realizó Casiano de Prado y Vallo (1797-1866), un ingeniero de minas y geólogo. Durante los años de la primera etapa del absolutismo fernandino, De Prado estuvo preso algunos meses en las cárceles de la Inquisición de Santiago de Compostela, acusado de leer libros prohibidos y formular planteamientos científicos contrarios a la religión católica. Más tarde fue director de diferentes explotaciones mineras y realizó importantes trabajos geológicos que lo llevaron a encontrar numerosos fósiles, así como importantes restos óseos, acompañados de útiles de piedra en diferentes cuevas de los alrededores de Madrid y en las terrazas del río Manzanares.

Un hito fundamental en estos primeros pasos de nuestra prehistoria fue el hallazgo, en la llamada cantera de San Isidro, cercana a Madrid, de un bifaz en 1862 por el mismo Casiano de Prado, a quien acompañaban el paleontólogo francés Philippe Édouard Poulletier de Verneuil y el joven geólogo y paleontólogo de la misma nacionalidad, Louis Lartet[10] quien años más tarde descubriría el famoso hombre de Cro-Magnon.

En esta etapa inicial, junto a Casiano de Prado nos encontraremos con importantes personalidades que, ligadas a la geología o a la antropología, dieron cuerpo, la mayoría de las veces en medio del rechazo de muchos de sus colegas y la incomprensión de un amplio sector de la sociedad, a la prehistoria española. Nos referimos a Juan Vilanova y Piera, Francisco María Tubino y Oliva,

10. Louis Larter (1840-1899) era hijo de Édouard Lartet, paleontólogo que estableció la primera clasificación de las etapas de la Edad de Piedra, fue profesor de geología en la Universidad de Toulouse. Descubrió en una cuevas próximas a Les Eyzes-de-Tayac los esqueletos de cuatro adultos y de un niño que fueron identificados como de una raza diferente a los neanderthales. A esta especie se la denominó como hombre de Cro-Magnon. Louis Lartet realizó algunas excavaciones en España.

y Antonio Machado Núñez. El más importante de ellos fue Vilanova y Piera,[11] quien desde su cátedra de geología y paleontología de la Universidad Central trató por todos los medios a su alcance de incorporar a la prehistoria española a las corrientes científicas que se abrían paso en la Europa de la segunda mitad del siglo XIX.

Una de las principales batallas libradas por Vilanova y Piera, católico por sus creencias y conservador por su ideología, estuvo ligada a sus esfuerzos por compatibilizar las tesis creacionistas con los nuevos planteamientos científicos. Su posición no fue obstáculo para que defendiese, en el caso de las pinturas de la bóveda de Altamira, opiniones que la mayor parte de los prehistoriadores del momento consideraron tan revolucionarias que las rechazaron de plano.

11. Juan Vilanova y Piera (Valencia 1821-Madrid 1993) es una de las figuras señeras del panorama científico español del siglo XIX. Catedrático de geología y paleontología en la Universidad Central, impulsó estas disciplinas en España y las mantuvo al nivel científico de Europa. Su formación en geología lo llevó al terreno de la prehistoria donde realizó aportaciones muy importantes, como la singularidad de la Edad del Cobre que situó antes de la del Bronce. Excavó numerosas cuevas, principalmente en el levante peninsular, y realizó importantes hallazgos. Sanz de Sautuola le hizo partícipe de sus descubrimientos en Altamira y se desplazó a Santander para ver las pinturas.

CAPÍTULO V

MARCELINO SANZ DE SAUTUOLA Y SUS AFICIONES

El desarrollo de la prehistoria se debió en España, fundamentalmente, al impulso que se le dio desde el campo de la geología y la paleontología, y desde la Escuela de Minas. En muchas zonas, alejadas de los centros universitarios donde se impartían estas disciplinas, fue muy importante la labor de numerosos eruditos que, movidos por su deseo de conocimiento, mostraban interés en el estudio de los materiales antiguos de lo que ya empezaba a conocerse como prehistoria, si bien esa clase de conocimiento ni había llegado a las cátedras universitarias ni tenía el reconocimiento académico de una ciencia consolidada.

En este sentido, la España del siglo XIX no marcaba grandes diferencias con otros países de Europa donde también eran aficionados y eruditos locales, dedicados profesionalmente a otras actividades, quienes propiciaban los avances más importantes de la prehistoria.

Frente a esas loables iniciativas nos encontramos también con el rechazo que provocaba en ciertos ambientes académicos. Resulta particularmente llamativo el de la Real Academia de la Historia, que advertía de los «peligros» que suponía la búsqueda y estudio de restos óseos, pétreos o metálicos que permitieran establecer relaciones con una humanidad primitiva. Junto a actitudes como ésa nos encontramos con un obstáculo aún mayor, ligado a la cerrazón de amplios sectores del clero a cualquier novedad, y que en España era más fuerte que en otros países.

Esos factores negativos no fueron un obstáculo insalvable para que el interés por los denominados como restos antediluvianos prendiera en eruditos y aficionados. Por lo general, se trataba de personas cultivadas, pero sin una formación científica específica sobre materias que pudieran estar relacionadas con la naciente prehistoria. Muchos de ellos podrían ser denominados como naturalistas, palabra bajo la que quedaba englobado un amplio abanico de personas que se interesaban por alguna de las ramas de las llamadas ciencias naturales. Unos estaban interesados en la botánica, otros se sentían atraídos por la espeleología, la mineralogía, y muchos por la paleontología. A veces, eran coleccionistas, pero a diferencia del espíritu que, por lo general, había animado a la creación de los Gabinetes de Maravillas, determinado principalmente por la rareza y la curiosidad, los alentaba un deseo de conocimiento que podemos denominar científico.

Es en ese mundo de eruditos y aficionados donde podemos situar las actividades del abogado cántabro, don Marcelino Sanz de Sautuola y de la Pedrueca.

Sanz de Sautuola había nacido en Santander el 2 de junio de 1831 en el seno de una familia acomodada, de raíces cristianas, vinculada ideológicamente a postulados conservadores y ligada a la tradicional hidalguía de los montañeses. Fue el único hijo del matrimonio formado por Santiago Sanz de Sautuola, quien fue alcalde de Santander entre 1859 y 1862, y Gertrudis de la Pedrueca y Velarde. Cursó los estudios de bachillerato en el Instituto Provincial de su ciudad natal para marchar después a estudiar la carrera de derecho en la Universidad de Valladolid. Apenas ejerció la abogacía, si bien trabajó como secretario en el Gobierno Civil de Santander y ocupó algunos otros cargos de carácter público. Su principal actividad fue la administración de los bienes de un familiar, José de Posada Herrera, un importante político de la España decimonónica; fue diputado por diferentes distritos electorales de la provincia de Santander, desde las filas del Partido Moderado.[1] Fue ministro de Gobernación y se le conoció como «el gran elector» por su habilidad para organizar las elecciones de forma que los resultados fueran favorables al partido del gobierno[2]. Ya en la Restauración fue presidente del Congreso de los Diputados (1876) y llegó a la presidencia del gobierno, cargo que ejerció en 1883 y 1884.

Sanz de Sautuola contrajo matrimonio en 1865 con María Concepción Escalante, hija de quien era en aquellos momentos alcalde de Santander. El matrimonio

1. Benito Madariaga de la Campa: *Marcelino Sanz de Sautuola y la Cueva de Altamira.* Instituto para Investigaciones Prehistóricas de Santander., Santander, página 35. Cifr. en Alfredo Mederos Martín: *op. cit.*, página 151.

2. Francisco Sosa Wagner ha dedicado un notable estudio a la vida y la obra de este jurisconsulto y político decimonónico español: *Posada Herrera: actor y testigo del siglo XIX*. Publicaciones de la Universidad de León. León, 2000.

tuvo tres hijas: María Juana y María Josefa, que murieron prematuramente, y María Justina que, como veremos más adelante, tuvo un papel importante en el descubrimiento de las pinturas de Altamira.

En el perfil humano de don Marcelino Sanz de Sautuola se daban la mano elementos que ofrecían una combinación poco frecuente en aquella época. Por un lado, estaba animado del espíritu práctico que era propio de la burguesía comercial de su ciudad. Un espíritu que lo llevó a impulsar proyectos para dinamizar la economía regional. Por otro, nos encontramos con su gran afición, muy alejada de esas iniciativas emprendedoras. Una afición que lo llevó a buscar los orígenes de la actividad humana en su tierra natal. Ese interés por rastrear en el conocimiento de aspectos del pasado hizo que, en 1866, se convirtiera en miembro de la Comisión provincial de Monumentos de Santander, institución de la que llegó a ser vicepresidente y a que ese mismo año fuera elegido como académico correspondiente de la Real Academia de la Historia.

Esta afición por escudriñar en el pasado más remoto lo llevó a la búsqueda de restos que señalaban la presencia del hombre prehistórico en Santander, algo que chocaba de plano con las ideas del clero más conservador y de una parte importante de la sociedad de la que formaba parte.

En línea con el espíritu práctico y emprendedor que hemos señalado, tomó diferentes iniciativas que nos presentan a un hombre inquieto, activo y deseoso de que en la sociedad calaran las ideas de progreso. Buscó la mejora de algunos cultivos propios de la agricultura santanderina. Lo encontramos como participante en la Exposición Agrícola e Industrial de las Provincias Castellanas, que tuvo lugar en Valladolid en septiembre de 1859 y que supuso todo un acontecimiento en la ciudad del Pisuerga, exponiendo capullos de seda, muestras de miel y de cera virgen. En esa misma línea de actuación lo encontramos unos años más tarde, en 1863, plantando el que sería el primer eucalipto de Cantabria en su finca de Puente San Miguel, al tiempo que escribía un detallado informe sobre las ventajas que se derivarían de la aclimatación de esta especie en aquellas tierras. Sanz de Sautuola consideraba que su rápido crecimiento sería la base de una importante industria maderera y que proporcionaría la materia prima suficiente para la elaboración de pasta de papel.

El otro aspecto de su personalidad, el que a nosotros más nos interesa, queda recogido con sus propias palabras en las primeras líneas sus *Breves apuntes sobre algunos objetos prehistóricos de la provincia de Santander.*[3]

Decía Sanz de Sautuola:

> Sospechando que en esta provincia pudieran existir algunos objetos procedentes de las épocas prehistóricas, y a pesar de no tener antecedente alguno conocido, según los informes que he tratado de adquirir. Aguijoneado por mi afición á los estudios y excitado (*sic*) muy principalmente por las numerosas y curiosísimas colecciones de objetos prehistóricos, que tuve el gusto de contemplar repetidas veces durante la Exposición Universal de París, me resolví a practicar algunas investigaciones en esta provincia, que ya que no tuvieran carácter científico. Como hechas por un mero aficionado, desprovisto de los conocimientos necesarios, aunque no de fuerza de volun-

3. Publicado en Santander en 1880, en la imprenta de Telesforo Martínez.

> tad, sirvieran al menos de noticia primera y punto de partida, para que personas más competentes tratasen de rasgar el tupido velo que nos oculta aún el origen y costumbres de los primitivos habitantes de estas montañas.
>
> Guiado por tal propósito, comencé mis investigaciones á la ventura, y á la verdad que no puedo quejarme del resultado.[4]

Dejaba claro en este párrafo cuál era una de sus mayores aficiones y, con una modestia que conmueve, explicaba su objetivo. Se nos presenta en ese texto como un aficionado, cuyo deseo es escudriñar en el pasado más remoto de su tierra. Sin embargo, su interés por la prehistoria lo llevará más allá de lo que podemos catalogar como una mera afición. En las páginas de sus *Breves apuntes...* nos encontramos con referencias a John Lubbock, a Boucher de Perthes o a Juan Vilanova y Piera, lo que indica su conocimiento de algunos de los autores más reputados del momento en los estudios que, por entonces, se realizaban en el campo de la prehistoria.

Por otro lado, como tendremos ocasión de comprobar, sus trabajos iban mucho más allá de lo que podía ser el pasatiempo de un erudito diletante o de un acomodado propietario que encontraba en esa afición una forma de distraer sus ocios. Ciertamente, las actividades de Sanz de Sautuola no se desarrollaban en los medios académicos aunque el abogado cántabro fuera académico correspondiente de la Real Academia de la Historia. En su condición de tal informaba de sus pesquisas y hallazgos a la docta institución y mantenía contacto epistolar con algunos científicos eminentes a quienes enviaba

4. *Breves apuntes sobre algunos objetos prehistóricos de la provincia de Santander*, página 3.

muestras de sus descubrimientos. Ese interés lo llevó a viajar hasta París en 1878 con motivo de la Exposición Universal que se celebró dicho año. Su propósito era visitar el pabellón de Antropología y conocer las últimas novedades que se habían producido en ese terreno y encontrarse con los más prestigiosos arqueólogos y prehistoriadores franceses.

Era consciente de que los avances que se producían en el país vecino en el terreno de la prehistoria suponían la punta de lanza de los conocimientos relativos a esta ciencia. En Francia, esos estudios —estaban a punto de convertirse en una disciplina académica— podían aportarle información fundamental para el desarrollo de las excavaciones y el conocimiento de la humanidad más primitiva en su región natal.

En este viaje a la capital de Francia hay un detalle que nos parece particularmente significativo y que nos presenta de nuevo ese perfil que lo ligaba al espíritu práctico propio de la burguesía mercantil, a la que familiarmente estaba ligado Sanz de Sautuola. No acudía a la Exposición Universal atraído únicamente por el deseo de conocer la realidad de las investigaciones prehistóricas en aquel país. Según recogía la prensa local al dar noticia de su viaje, don Marcelino llevaría una muestra de los productos del campo montañés, como castañas, maíz o nueces.[5]

En esa visita pudo empaparse de las últimas «novedades prehistóricas». Pudo ver valiosas muestras de los objetos encontrados por Louis Lartet, que ya había descubierto en Laugerie Basse, en el departamento de

5. En *Comercio de Santander*, 12 de febrero de 1878, página 3. Cifr. en Benito Madariaga de la Campa: *Sanz de Sautuola y el descubrimiento de Altamira*, Fundación Marcelino Botín, Santander, 2004, página 19.

la Dordoña, los primeros restos del que sería conocido como el hombre de Cro-Magnon. En París también conoció a Édouard Piette, magistrado de profesión y arqueólogo por afición, que realizó importantes descubrimientos de material prehistórico en la zona de los Pirineos franceses. Piette lo animó a seguir investigando en las cuevas de Cantabria, donde exploraba, en solitario o en compañía de algunos amigos atraídos al igual que él por el pasado más antiguo del hombre. Excavaba en lugares donde era perceptible la huella del hombre primitivo que vislumbraba a través de los objetos que encontraba en algunas de las cuevas de la región y de cuyos resultados daba puntual cuenta a la Real Academia de la Historia. Una institución que en el último cuarto del siglo XIX y la primera década del XX, sólo un tercio de sus miembros tenían un cierto grado de especialización.[6] Su principal contacto en aquella institución era el responsable del Gabinete de Antigüedades, don Aureliano Fernández Guerra,[7] que era un prometedor epigrafista, pero que orientó su actividad hacia la crítica literaria. El propio Fernández Guerra señalaba que desde que en 1838 había regresado a Granada «data mi frialdad en el estudio de las antigüedades, y mi afición a la bella literatura».

6. Ignacio Peiró Martín: *Los historiadores oficiales de las Restauración* (1874-1910). Boletín de la Real Academia de la Historia. Madrid, 1996, número 193, tomo I, páginas 13-72.

7. Aureliano Fernández Guerra (Granada 1816-Madrid 1894) nació en una familia oriunda de la localidad cordobesa de Zuheros, desempeñó muy joven (1838-1839) una cátedra de literatura en la Universidad de Granada. En 1844 se trasladó a Madrid, donde compaginó su trabajo en el Ministerio de Gracia y Justicia con el desarrollo una intensa vida cultural. Además de sus estudios literarios e históricos estrenó dramas y participó en algunas de las más famosas tertulias literarias de la capital de España. Entre 1852 y 1859 publicó las obras completas de Francisco de Quevedo. Fue miembro de la Real Academia Española, en la que desempeñó el cargo de bibliotecario. También fue miembro de la Real Academia de la Historia en la que desempeñó el cargo de Anticuario responsable del Gabinete de Antigüedades desde 1866 hasta su fallecimiento en 1894.

Añadamos a todo ello que en la España decimonónica hallar materiales que revelaban la existencia de una industria lítica o de restos óseos que señalaban la presencia de una humanidad antediluviana, a la que resultaba problemático negar un antigüedad muy larga en el tiempo, significaba situarse en un terreno peligroso, desde el punto de vista de las creencias asentadas en la sociedad. Suponía entrar en conflicto con el clero más refractario a las novedades que entendía que cualquier avance en ese campo suponía poco menos que un atentado contra las Sagradas Escrituras.

En ese ambiente será donde Sanz de Sautuola protagonice un descubrimiento que podemos calificar como histórico en el devenir de la prehistoria al descubrir unas extraordinarias pinturas en la bóveda de una de las cuevas donde realizaba sus prospecciones arqueológicas. La difusión de la existencia de dichas pinturas generó mucho más que una de las habituales polémicas con que iban acompañados los hallazgos de objetos o de restos que hablaban de un pasado remoto y de una humanidad prácticamente desconocida hasta entonces. El hallazgo de las pinturas de la cueva que terminará por denominarse Altamira rompía incluso los esquemas de los defensores de la prehistoria. No se trataba de instrumental lítico ni de restos óseos que vinieran a representar una tesela más en el mosaico que empezaba a construirse sobre el pasado de la humanidad. Era algo mucho más revolucionario que ponía en cuestión las verdades admitidas por una ciencia que estaba en sus primeros balbuceos y donde las dudas acerca de lo que se sabía ocupaban un terreno más amplio que el de las certezas. Su descubrimiento, a diferencia de lo ocurrido hasta entonces, se encontró con un rechazo que llegaba desde posiciones que habían sostenido postulados enfrentados hasta aquel momento.

No sólo rechazaban su descubrimiento los sectores ligados al pensamiento y la tradición conservadora. También fue despreciado por quienes representaban las tesis más avanzadas en la investigación prehistórica. Altamira, más allá del interés del descubrimiento, suponía una novedad tan radical que echaba por tierra muchos de los planteamientos sobre los que se asentaba el conocimiento de la humanidad primitiva. A los más importantes prehistoriadores del momento les resultaba imposible admitirla como una obra de la que entonces se denominaba «Edad del Reno». Ese carácter revolucionario de las pinturas hizo que fuera del ámbito estrictamente académico también se desencadenara una polémica en la que se vertieron toda clase de opiniones, algunas de ellas ciertamente llamativas.

También es cierto que, desde el primer momento, el descubrimiento de Sanz de Sautuola contó con algunos apoyos incondicionales. El más importante de esos apoyos fue el que le prestó don Juan Vilanova y Piera quien ya ocupaba la cátedra de geología y paleontología de la Universidad Central y no dudó en arriesgarse a ser puesto en tela de juicio al defender unas pinturas que, desde el primer momento, consideró como resultado de la actividad del hombre de las cavernas.

Sanz de Sautuola, conocedor de lo que había ocurrido en situaciones similares, cuando se habían producido descubrimientos de gran interés, que significaron pasos importantes en la configuración científica de la prehistoria, se mostró cauto con su hallazgo, incluso reservado. Aunque en ningún momento llegó a ocultar su descubrimiento como había ocurrido en otros casos, ante el temor a la reacción que podían desencadenar.

A diferencia de lo que ocurrió con el cráneo hallado en Gibraltar y que más tarde se asignó al hombre de neanderthal o a la actitud mantenida por el farmacéutico Paul Tournal, cuando encontró la evidencias que lo llevaron a formular su idea de que el hombre era contemporáneo a ciertas especies de animales desaparecidos, Sanz de Sautuola no mantuvo en secreto su descubrimiento. No le atenazó el temor que llevó Boucher de Perthes a mantener ocultos los objetos líticos que había encontrado en las terrazas del valle del Somme y que asociaba a una industria humana. Boucher de Perthes, temeroso de los riesgos que tendría que asumir al hacer públicas sus sospechas que suponían toda una revolución, guardó silencio por prudencia y temor. No hizo públicos sus hallazgos, ni las conclusiones a que lo llevaban, hasta algunos años más tarde. Es cierto que entre los descubrimientos de Paul Tournal o los de Boucher de Perthes y el de Sanz de Sautuola había transcurrido casi medio siglo y que muchas cosas habían cambiado a lo largo de aquellas décadas, pero no lo es menos que el descubrimiento de las pinturas de Altamira planteaba interrogantes tan revolucionarios desde el punto de vista científico, y que su admisión era igualmente complicada.

CAPÍTULO VI

LA CUEVA DEL SITIO DE JUAN MORTERO

Fue en 1876 cuando Sanz de Sautuola visitó por primera vez la cueva que daría lugar a uno de los más espectaculares hallazgos de la actividad del hombre prehistórico. La referencia a la fecha de esa visita nos la da el propio don Marcelino cuando afirma que su primera entrada en el lugar fue «cuando hace cuatro años visité por primera vez la misma cueva».[1] La alusión a los cuatro años está referida a la fecha en que está escribiendo su trabajo que vio la luz en 1880. Debía estar escribiendo en 1880 porque en los *Breves apuntes…* nos da otra pista cuando, refiriéndose a las pinturas de

1. *Op. cit.*, página 12.

la primera galería, dice: «*... no las descubría hasta el año pasado de 1879*.[2] Hay, no obstante, quien sitúa la primera vista un año antes, en 1875.[3]

Dejemos que sea el propio Sanz de Sautuola quien nos diga cómo era la cueva en cuestión:

> Paso ahora á ocuparme de otra cueva –don Marcelino recoge en sus *Breves Apuntes*... los hallazgos de materiales líticos y óseos en sus visitas a otras cuevas de la región– mucho más notable, a mi juicio, por las circunstancias que la acompañan, y que parece digna de más esmerado estudio. Hállase situada en la sierra común, sitio llamado de Juan Mortero, término del lugar de Vispiéres, Ayuntamiento de Santillana del Mar (recientemente se la ha denominado de Altamira, tomando este nombre de un prado inmediato que se llama así); su entrada está espuesta (*sic*) al N. y tan cubierta de maleza que, antes de ser visitada frecuentemente como lo es ahora, era difícil reconocerla. Según informes adquiridos del mismo que aprovecha este terreno, hasta hace ocho o diez años en que, efecto de haberse hundido alguna piedra, se ensanchó la entrada, era desconocida su existencia. Su bajada es incómoda, pero no difícil, a causa de las peñas que deben haberse desprendido; y reconocida por la parte interior, hace sospechar que aquella estaba antes bastante más baja, dándola acceso por una depresión del terreno, y entrando en plano casi horizontal. Una vez dentro se encuentra el curioso con una ga-

2. *Ibidem*, página 23.

3. Esa fecha es la que sostienen José A. Lasheras y Carmen de las Heras en su introducción preliminar a la reedición de los *Breves apuntes*..., editada por la Fundación Marcelino Botín en el año 2000.

> lería que se extiende S.S.E., y que llamaremos principal la cual mide treinta y ocho metros de largo, y de ancho desde nueve a trece metros, variando la altura entre dos metros y treinta centímetros que tiene en el fondo. A la derecha entrando, existe otra galería bastante larga, que [...] se dirije (*sic*) hacia el S.O.; de esta pasa a otra [...] de más extensión y alta por algunos sitios como diez metros; desde ella se desciende a otra cueva de regulares dimensiones [...] que se encuentra como a cuatro metros, más baja que la anterior [...] volviendo hacia el norte se encuentra un fuente que manda del techo y se sume por el suelo; y dejando más adelante, a la izquierda, un pozo, al parecer natural, abierto en las peñas, y que mide aproximadamente cuatro metros hasta tocar con el agua que contiene, se introduce el curioso por una quinta y última galería [...][4]

Sanz de Sautuola nos cuenta que había tenido conocimiento de la existencia de la cueva gracias al aparcero del terreno en que estaba enclavada: «según informes adquiridos del mismo que aprovecha este terreno». El aparcero se llamaba Modesto Cubillas, aunque don Marcelino no menciona su nombre. La había descubierto unos ocho o diez años antes —el abate francés Henri Breuil sostiene que en el año 1868— y, según Sanz de Sautuola, en una fecha imprecisa que hemos de situar entre 1870 y 1872, teniendo en cuenta que se refiere a ello en 1880. La existencia de la cueva era desconocida hasta ese momento por la gente de la comarca y su descubrimiento fue fruto de la casualidad.

4.. *Ibidem*, páginas 11 y 12.

Un día, cuando Cubillas iba de cacería, observó como su perro se introducía por una hendidura del terreno en la ladera del cerro de Juan Mortero. Se había metido en una cueva de la que no se tenía noticia de su existencia entre los lugareños y por lo tanto carecía de nombre. Sería bautizada, poco después del descubrimiento de la pinturas que había en ella, con el nombre de Altamira, que era como se llamaba un prado que se encontraba en las proximidades. La circunstancia fortuita de que el perro de Cubillas se introdujese por lo que era una simple hendidura del terreno fue la que permitió descubrir la entrada de la cueva, que había quedado oculta durante mucho tiempo como consecuencia de la maleza que tapaba la entrada. Algunas informaciones recogidas en la prensa santanderina afirman que su descubrimiento fue posible al haberse producido el derrumbe de algunas piedras de la entrada y que dicho derrumbe estuvo motivado por los barrenos que se utilizaban en los trabajos de una cantera que se encontraba en las proximidades.

Modesto Cubillas, conocedor de que Marcelino Sanz de Sautuola era aficionado a buscar restos en el interior de las cuevas de la comarca,[5] le comunicó el hallazgo, aunque todo apunta a que no lo hizo hasta algunos años después. Ignoramos el porqué de ese retraso. Es posible que se debiera a que en un primer momento el aparcero no dio importancia a su descubrimiento y sólo se lo co-

5. Conocemos algunos detalles acerca de quién era Modesto Cubillas por una carta que escribió a Alfonso XII mientras el rey, acompañado por algunos miembros de su familia, visitó la cueva de Altamira en septiembre de 1881, mientras era huésped del marqués de Comillas. En dicha carta señalaba que era «el único y verdadero descubridor de la cueva de Altamira». Señalaba que era asturiano del lugar de Celorio, en el concejo de Llanes y que a la sazón tenía sesenta y un años. Solicitaba al rey alguna ayuda porque era pobre y si la cueva tiene algún mérito, como si no lo tiene, yo soy el primero que la vio en la edad presente, y quien dio ocasión, por tanto, para que adquiriese el hallazgo la celebridad que hoy tiene. Cifr., en Benito Madariaga de la Cámpa: *Op. cit.*, páginas 21 y 22.

mentó al abogado montañés bastante tiempo después. Otra posibilidad es que debido a alguna razón que desconocemos —no perdamos de vista que Sanz de Sautuola era un hombre muy implicado en la vida social y pública de Santander y su búsqueda de restos en las cuevas de Cantabria no dejaba de ser una afición—, su visita a la cueva, pese a tener noticia de su existencia, tardase algún tiempo en llevarse a cabo.

Fue necesario despejar la entrada para hacerla practicable, aunque no ofrecía una particular dificultad. Sanz de Sautuola la califica simplemente de incómoda. Al parecer, el desprendimiento de alguna piedra facilitaba el acceso, al haber nivelado la entrada con el suelo de la caverna que, con anterioridad, debió de estar más bajo. La primera galería de la cueva era muy amplia y su suelo era plano, casi horizontal. Tenía una superficie superior a los cuatrocientos metros cuadrados y la altura de su bóveda tampoco suponía un obstáculo para transitar por ella, al alcanzar los dos metros, si bien perdía altura conforme se avanzaba hacia el interior hasta quedar reducida a treinta centímetros en la parte final, lo que obligaba a tenderse para poder desplazarse por ella y acceder a la segunda de galería.

Ignoramos lo que Sanz de Sautuola encontró en esta primera visita a la cueva de la ladera del monte del sitio de Juan Mortero. Lo que sí sabemos es que fruto de las excavaciones que realizó en su suelo, obtuvo importantes cantidades de material muy variado de tipo óseo, lítico y marino, que era comparable, aunque con diferencias notables, al que había encontrado en otras cuevas de la comarca, como para volver a visitarla. Únicamente tenemos la certeza de que no descubrió lo que haría internacionalmente famoso el lugar y lo convertiría de uno de los santuarios de peregrinación para los prehistoriadores. En sus *Breves apuntes...* no especifica el momento concreto en que se produjeron los hallazgos, pero señala que encontró un importante material que estaba situado en una capa de más de un metro de espesor. Lo que allí había era una gran cantidad de conchas del género *patella,* numerosas caracolas y cáscaras marinas que no dudó en comparar con los grandes concheros —nombre que empezaba a dársele a los depósitos de conchas marinas— aparecidos en las costas de Dinamarca y que allí recibían el nombre de *Kjökkenmöddings*.[6]

Entre los numerosos restos óseos, don Marcelino señalaba textualmente, para referirse a la abundancia de ellos: «huesos de mil tamaños», también dientes y muelas de animales diversos que consideraba eran similares a los encontrados en otras cuevas, como la de Camargo, una localidad cercana a Santander donde Sanz de Sautuola había hallado huesos tallados o cortados longitudinalmente. Indicaba, acertadamente, que estaban fracturados de esa forma con el propósito de extraerle la médula que había en su interior para que sirviera de alimento. Asimismo, encontró astas de diferentes clases de animales y algunos cantos rodados de río, que estaban partidos; a esos cantos los anglosajones los denominarán como *pebble tools* y constituyen una de las más antiguas muestras de material lítico trabajado por el hombre. Encontró también numerosos pedazos de cristal de roca, algo muy extraño en las cuevas de la zona, y algunos utensilios tallados en piedra. Destacaba una aguja de hueso con su ojo perfectamente horadado, pero que se fragmentó al ser extraída de la masa cristalizada donde se encontraba. También salieron a luz algunos objetos

6. *Breves apuntes...* págs. 14 y 15.

que por la forma en que estaban labrados dedujo que debía tratarse de piezas de adorno.

En su primera visita a la cueva descubrió, en el fondo de la misma, que denominó como la quinta galería, unas pinturas que resultaban fácilmente visibles porque estaban «como á dos pies del suelo». Se trataba de unos simples trazos en color negro que se repetían en diferentes sitios. En aquel momento no les concedió mayor importancia, simplemente llamaron su atención. Pensó que podía tratarse de signos realizados por los habitantes de la cueva para poder orientarse.

Por la fecha en que realizó su primera visita a la cueva ya estaba establecida la clasificación de la prehistoria en Edades: la de Piedra, la del Bronce y la del Hierro. Incluso John Lubbock, cuya obra era conocida por Sanz de Sautuola, había señalado las diferencias entre los objetos de piedra tallados toscamente —sin desbastar— a cuyo periodo había bautizado con el nombre de «Paleolítico» o «piedra antigua» y la de los objetos más finamente acabados —con la superficie pulimentada— a los que había denominado como «Neolítico» o «piedra nueva». El instrumental lítico hallado en la cueva estaba claramente relacionado con el Paleolítico. Los objetos de sílex tallado le parecían a Sanz de Sautuola realizados con mucha menos elaboración de la que presentaban los encontrados en otras cuevas de la región. Esa circunstancia daba a aquellos hallazgos una mayor antigüedad, aunque todavía no se había establecido una cronología para los diferentes periodos de la Edad de la Piedra.

CAPÍTULO VII

EL GRAN DESCUBRIMIENTO

El descubrimiento de un material lítico y óseo tan abundante debió alentar a Sanz de Sautuola a realizar nuevas visitas a la cueva. Una de ellas tuvo lugar en el otoño de 1879 —existe la posibilidad de que fuera a finales de aquel verano— y fue entonces cuando el abogado cántabro se encontró con algo inesperado. En esa visita no iba solo. Lo acompañaba su hija María Justina, una niña que todavía no había cumplido los nueve años. Don Marcelino no alude a ello en los *Breves apuntes...*,[1] se limita a señalar que vuelve a inspeccionar aquel lugar, atento a lo que podía depararle el suelo de

1. La primera referencia a que fue María Justina, la hija de Sanz de Sautuola, quien descubrió la existencia de las pinturas de Altamira aparece en las obra de Amós Escalante: *Antigüedades montañesas* que fue publicada en Madrid, en 1899, con el seudónimo de Juan García. Escalante era cuñado de Sanz de Sautuola, don Marcelino estaba casado con su hermana, y fue un destacado miembro de la llamada Escuela montañesa. En opinión de don Juan Valera, Escalante era el hombre más educado que conocía.

la cueva, que era donde habían aparecido los «huesos de mil tamaños», las conchas marinas y los demás restos encontrados. La altura de su hija hizo que la niña mirase hacia arriba, hacia la bóveda de la cueva. Lo que vio allí y que hasta aquel momento había pasado desapercibido a su progenitor, le hizo exclamar, sorprendida:
«¡Papá, mira! ¡Bueyes pintados!».

La escena tiene algo de novelesca, pero en lo que acababa de ocurrir en el interior de aquella caverna, como ha sucedido con muchos otros casos de grandes descubrimientos de la humanidad, el azar fue determinante. Se debió a un hecho fortuito, como era la presencia en la cueva de María Justina y también el que fuera una niña con la estatura propia de quien aún no ha cumplido los nueve años, lo que le permitió moverse en el interior de la cueva —no perdamos de vista que entre la bóveda y el techo había unos dos metros de altura— de una forma diferente a como lo hacía su padre. Eso hizo que ella tuviera otra visión del interior de la cueva.

Como hemos señalado, Sanz de Sautuola en sus *Breves apuntes...* no hace mención alguna al papel desempeñado por su hija en el descubrimiento de las pinturas. Ignoramos por qué. Es probable que quisiera apartar a su hija de la polémica que se desató al poco de conocerse la existencia de las pinturas. Se limitó a señalar que en sus anteriores visitas a la cueva no había reparado en su existencia: «realmente la primera vez no examiné con tanto detenimiento su bóveda, y porque para reconocerlas hay que buscar los puntos de vista, sobre todo si hay poca luz...».[2] Esos «puntos de vista» son los que permitieron a la niña, dada su menor estatura, ver los «bueyes».

2. *Breves apuntes...*, página 23.

Hemos de imaginar la escena en el interior de la cueva. Lo que María Justina llamaba «bueyes pintados» cubrían una parte importante de la bóveda de la primera galería. Cabe imaginar, sin mucho esfuerzo, el asombro de su padre. Lo que había pintado en el «techo» de la cueva era un gran número de animales en posiciones diferentes. Su autor había hecho gala de un realismo que impresionaba. Se había valido incluso de las formas de la piedra y de las protuberancias que la bóveda ofrecía para tratar de dar cuerpo a los animales que representaba. El trazo firme del dibujo revelaba que se trataba del trabajo de un artista con experiencia. Sanz de Sautuola, necesariamente, hubo de quedarse estupefacto. Conocía, pese a que se trataba de una afición, los vericuetos por los que deambulaba la prehistoria y sabía que no había nada que pudiera equiparársele a lo que tenía ante los ojos. Es posible que en un primer momento dudara incluso del carácter prehistórico de aquellas extraordinarias pinturas. En su confección, el artista —podía dársele con toda propiedad ese nombre al autor—, había empleado una gama restringida de colores: el negro, el ocre y el rojo, pero había sabido utilizarlos con una maestría extraordinaria como para conseguir el efecto de una riqueza cromática que daba la impresión de ser mucho más amplia.

Lo que aparecía en aquella bóveda era «una manada» de animales de gran tamaño y que, en palabras de Sanz de Sautuola, representaban especies que «por su corcova, tienen alguna semejanza con el bisonte,[3] de los cuales dos

3. Antes de publicar sus *Breves apuntes*..., Sanz de Sautuola se documentó sobre lo que se sabía en su tiempo acerca de la fauna existente en Europa en tiempos muy remotos. Había acudido a la obra de Georges Louis Leclerc, más conocido por el nombre de Buffon, perteneciente al condado del que era titular. Buffon, refiriéndose a la existencia de bisontes en Europa, señalaba que en algunas regiones habían existido diferentes especies de bueyes silvestres y que alguna de ellas tenía corcova. Sanz de Sautuola, basándose en esa información de Buffon, señalaba que podía suponerse que esos bueyes corcovados serían

están de costado y completos, otros carecen de cabeza, algunos están en posturas incomprensibles, y de otros sólo quedan algunos trazos, habiendo desaparecido en más o en menos, los colores que sirvieron para pintarlos...».[4]

Además de esos animales que podían asemejarse a los bisontes, aparecía también la figura de una corza completa y una cabeza qua a don Marcelino le pareció que era la de un caballo. El número de figuras que allí había representadas era de veintitrés, sin contar aquellas que apenas presentaban los perfiles o sólo estaban esbozadas. Sanz de Sautuola apreció que los animales estaban ejecutados con una capacidad técnica muy notable. Los trazos eran muy firmes y no se apreciaban rastros de titubeos. Se preguntó sobre la clase de útiles de los que había podido disponer para realizar su obra y también sobre las dificultades que el pintor tuvo que afrontar para trabajar en el interior de la cueva. Necesariamente había tenido que valerse de luz artificial, ya que conforme aumentaba la distancia entre las pinturas y la entrada de la cueva disminuía la luz que penetraba por ella. Las pinturas aparecían a cierta distancia de la entrada y ése era un detalle que no escapó a la percepción de don Marcelino. Lo señalaba al afirmar que «precisamente desde donde concluye el depósito de los huesos y cáscaras, se encuentra el observador sorprendido al contemplar en la bóveda de la cueva un gran número de animales pintados».[5] A la falta de luz para realizar su trabajo se añadía la propia configuración de la cueva, cuya altura variaba mucho conforme uno se adentraba en ella. En la zona donde se encontraban el mayor núme-

los que aparecían representados en la bóveda de Altamira. Iba incluso más lejos, al señalar que esos animales con corcova, si bien tenían alguna semejanza con el bisonte y el cebú, eran muchas más las diferencias que los separaban de ellos.

4. *Breves apuntes...*, páginas 15 y 16.

5. *Ibidem*, página 15.

ro de pinturas la altura de la galería disminuía y eso era algo que obligaría necesariamente al autor a trabajar en condiciones difíciles, que variaban mucho de un sitio a otro. En algunas partes tendría dificultades para alcanzar la bóveda desde el suelo, apenas podría llegar estirando el brazo, mientras que en otras tuvo que trabajar poniéndose de rodillas.

Las galerías dos, tres y cuatro apenas merecieron la atención de Sanz de Sautuola. Resultaban mucho menos interesantes, las figuras de la dos aparecían pintadas con líneas negras y rojas. En la tercera galería nada vio de notable, a no ser los importantes desprendimientos que se observaban en ella. Tampoco mostró mucho interés por las escasas figuras representadas en la galería número cuatro. Sin embargo, manifestaba de nuevo su interés por lo encontrado en la galería número cinco, cuyo acceso era muy dificultoso. Era necesario «andar algunos metros materialmente de rodillas y con precaución de no tocar con la cabeza».[6] Una vez superada la dificultad inicial, al elevarse la altura de la bóveda y ampliarse la anchura de la cueva, se alcanzaban unas dimensiones que permitían encontrarse en ella con cierta comodidad —metro y medio de altura por un metro treinta centímetros de anchura—, llamaron su atención las numerosas incisiones que podían verse en las paredes y que parecían estar hechas con un instrumento muy punzante, sin que se encontrase ninguna otra clase de signo. Descartó la posibilidad de que dichas incisiones pudieran ser fruto de algún fenómeno natural, indicando que siempre se encontraban a ambos lados de las galerías, unas frente a otras, salvo en la primera, donde no se apreciaban por parte alguna.

6. *Ibidem*, página 18.

CAPÍTULO VIII

LA DIFUSIÓN DEL HALLAZGO

No sabemos con exactitud la fecha en que se produjo el descubrimiento de las pinturas, pero lo más probable es que la visita en la cual su asombrada hija María Justina viera los bueyes que había en la bóveda tuviera lugar en algún momento de finales del verano o principios del otoño de 1879.

En una carta que Sanz de Sautuola, en su condición de académico correspondiente de la Real Academia de la Historia, escribía a don Aureliano Fernández Guerra, el anticuario de la institución que tenía a su cargo el Gabinete de Antigüedades, fechada el 8 de agosto de aquel año,[1] daba cuenta de sus excavaciones en el suelo de la cueva. Se refería don Marcelino con mucho detalle

1. Cifr. en Benito Madariaga de la Campa: *Sanz de Sautuola y el descubrimiento de Altamira*, Fundación Marcelino Botín, Santander, 2000, página 25.

a los restos óseos y al instrumental lítico hallado; por el contrario, no hacía mención alguna a la existencia de las pinturas. No sabemos si en ese momento su hija no había llamado su atención sobre los bueyes de la bóveda o, por el contrario, ya tenía conocimiento de su existencia y prefería mostrarse cauto ante la magnitud del descubrimiento y necesitaba asegurarse. No perdamos de vista que Sanz de Sautuola, pese a ser un aficionado, estaba al tanto de las novedades que se producían en el campo de la prehistoria, que mantenía contacto con algunos renombrados prehistoriadores franceses y que tenía una larga experiencia en el campo de los hallazgos prehistóricos. Era consciente de que en ninguna parte se habían descubierto testimonios pictóricos como aquéllos, que estuvieran ligados a la prehistoria. Era algo tan extraordinario que necesariamente tenía que observar con detenimiento las pinturas para comprobar los detalles que le permitieran transitar por un terreno que era, ciertamente, resbaladizo.

En su carta sólo se refería al material encontrado en el suelo de la cueva y señalaba sus sospechas de que lo allí encontrado podía pertenecer al periodo paleolítico, poniendo de manifiesto su conocimientos. También informaba a Fernández Guerra de que seguiría haciendo pesquisas de las que daría puntual cuenta a la Academia de la Historia.

¿Era una muestra de su deseo de continuar trabajando en un yacimiento que estaba proporcionando un excelente material para el conocimiento de la prehistoria en Cantabría o era velada alusión a las pinturas?

Es difícil dar una respuesta.

Lo que sabemos es que sólo unas semanas después, mediado el mes de octubre, Sanz de Sautuola volvía a escribir a la Academia. Otra vez daba cuenta de sus descubrimientos de material lítico, se refería a los restos óseos y destacaba la abundancia de conchas marinas que se encontraban en la cueva, pese a la distancia que la separaba de la costa. Tampoco en esta segunda carta a Fernández Guerra hacía mención alguna a la existencia de las pinturas. Al despedirse, volvía a reiterar de nuevo que seguiría con sus trabajos y que mantendría informada de cualquier novedad a la institución.

Su silencio respecto de las pinturas puede explicarse bien porque aún no tenía conocimiento de su existencia, bien porque estuviera calibrando las consecuencias que podían derivarse de hacer público su hallazgo.

¿Estaba Sanz de Sautuola preocupado por las repercusiones que se derivarían de la difusión de la noticia del descubrimiento de las pinturas?

No albergamos dudas de que el abogado cántabro tenía clara conciencia de que la noticia de la existencia de unas pinturas como aquéllas levantaría una gran polvareda. Todos los antecedentes indicaban que así sería. Era un descubrimiento que podía equipararse a los que habían marcado los hitos fundamentales en el desarrollo de la prehistoria. Era un hallazgo tan revolucionario como los de Paul Tournal o los del mismísimo Boucher de Perthes. Es posible que Sanz de Sautuola se mostrara cauto en los primeros momentos de su hallazgo; sin embargo, esas cautelas no fueron un obstáculo para que revelara su descubrimiento.

Con los datos que poseemos no podemos determinar la fecha exacta en que se produjo el descubrimiento de las pinturas. Sabemos que en las referidas cartas a Aureliano Fernández Guerra, escritas en agosto y octubre no las menciona, pero su silencio sobre ellas no significa necesariamente que aún no las hubiera visto. Es posible que Sanz de Sautuola informara del material obtenido en las excavaciones realizadas en el suelo porque esos hallazgos podían servir de soporte para sustentar lo que hará público pocas semanas después. Se trataba de un descubrimiento tan espectacular que no podemos descartar que don Marcelino estuviera preparando el terreno, consciente de lo que iba a desencadenarse cuando se difundiera la noticia. Pero su honestidad científica no le permitía ni ignorar el descubrimiento ni mantenerlo oculto. La noticia del hallazgo debió compartirla, en un primer momento, con personas de su círculo más próximo. Eruditos cántabros que también eran aficionados a buscar restos que apuntaran a la presencia del hombre en las cuevas de la región.

Comunicó el hallazgo a sus amigos Eduardo Pérez del Molino, farmacéutico de Torrelavega donde tenía un laboratorio químico, y al bibliófilo y erudito Eduardo de la Pedraja. Esto tuvo que ser en el otoño de 1879, por las mismas fechas en que Sanz de Sautuola vivió un luctuoso hecho familiar que, sin duda, influyó en las circunstancias que el abogado vivía en relación con el descubrimiento de las pinturas. El 10 de octubre falleció su padre y ese acontecimiento debió mantenerle apartado de sus actividades durante algún tiempo.

El primer testimonio escrito que nos proporciona certeza de que el descubrimiento de las pinturas ya se había producido es una carta, fechada el 8 de noviembre. La escribía a otro de sus cuñados, Agabio Escalante y en ella le pedía que hiciera las gestiones necesarias para encontrar un pintor que reprodujera las pinturas rupestres. Indicaba a su cuñado que el encargo era para que la reproducción se hiciera «con toda fidelidad y exactitud una porción de animales pintados en la bóveda de una cueva... los animales están hechos con toda perfección...».[2] Sanz de Sautuola señalaba que prefería un pintor capaz de reproducir los animales de la bóveda con toda exactitud que a uno que realizara un trabajo guiado por el sentido estético. Lo que necesitaba no era un artista creativo, sino un competente copista.

En la decisión del pintor que había de llevar a cabo la tarea también intervino Telesforo Martínez,[3] propietario de *El Aviso,* un importante periódico local, y hombre muy interesado por al arte. Según Gutiérrez Díaz, se barajaron dos posibilidades. Una era la de hacer el encargo a un francés, avecindado en Santander, llamado Paul Ratier; la otra era encomendar el trabajo a Manuel González Cuevas. La elección, que recayó sobre Ratier, se debió a dos circunstancias: la primera fue la edad; Ratier tenía cuarenta y siete años mientras González Cuevas era un hombre de edad muy avanzada, lo que suponía un serio obstáculo para poder bajar a la cueva y realizar en su interior un trabajo en condiciones difíciles. La segunda fue el hecho de que Ratier fuera sordomudo. Esta circunstancia también debió influir, ya que esa discapacidad era una ayuda para evitar una difusión de la noticia entre la gente de la zona.[4] Paul Ratier se trasladó

2. Benito Madariaga de la Campa: *Marcelino Sanz de Sautuola. Escritos y Documentos,* Institución Cultural de Cantabria de la Diputación Provincial de Santander, Santander, 1976, página 277.
3. Así lo señala Francisco Gutiérrez Díaz en *Paul Ratier, un artista con leyenda*, Centro de Estudios Montañeses, Santander, 2013, página 65. La obra de Gutiérrez Díez está dedicada al pintor francés, avecindado en Santander, Paul Ratier, que fue el elegido para reproducir los animales de la bóveda de Altamira y que dará lugar, por su condición de sordomudo, a que quienes rechazaban las pinturas como obra del hombre prehistórico lanzaran toda clase de acusaciones sobre la falsedad de las mismas.
4. Francisco Gutiérrez Díaz: *op. cit.*, página 65.

a Puente de San Miguel, cerca de la cueva, donde Sanz de Sautuola poseía una casa y realizó la reproducción de las pinturas entre finales de 1879 y principios de 1880. La presencia del pintor en casa de Sanz de Sautuola y en la cueva, unido al hecho de ser sordomudo, despertaría las suspicacias de los vecinos y más tarde dará lugar toda clase de comentarios.

El hecho de que Sanz de Sautuola ordenara la reproducción de las pinturas nos señala que había reflexionado detenidamente sobre el asunto y al mismo tiempo revela la gran importancia que daba al descubrimiento. El encargo indica igualmente su deseo de poder analizar las pinturas fuera de la cueva, para tener las imágenes a mano y estudiarlas con todo detenimiento.

El descubrimiento de las pinturas no pudo mantenerse en secreto. Los propios peones que trabajaban en las excavaciones, contratados por Sanz de Sautuola, debieron difundir la noticia de su existencia por la comarca. En una fecha tan temprana como noviembre de 1879 —ésa es la fecha en que tenemos la primera noticia escrita de la existencia de las pinturas— se produjo la visita de un grupo de personas de diferentes localidades del entorno (Torrelavega, Cerrazo y Villapresente) a la cueva, sin la presencia de Sanz de Sautuola, siendo algo que se repitió varias veces en las primeras semanas de 1880.[5]

Así pues, desde fecha muy temprana la existencia de las pinturas era del dominio público. Aunque la noticia no se había difundido, había salido del reducido círculo que hasta entonces tenía conocimiento de su existencia.

5. *El Impulsor* de 26 de septiembre de 1880. Cifr. en Alfredo Mederos Martín: *Análisis de una decadencia. La Arqueología española del siglo XIX II* (2). *La crisis de la Restauración (1868-1885)*, Cuadernos de Prehistoria y Arqueología de la Universidad Autónoma de Madrid, página 152, Madrid, 2014.

Su difusión a una mayor escala se produjo en la primavera de 1880.[6] Posiblemente en esas fechas tendría conocimiento de su existencia una personalidad que será clave en la historia de las pinturas de Altamira: el catedrático de geología y paleontología de la Universidad Central, don Juan Vilanova y Piera.

A lo largo de 1880, la caverna del pago de Juan Mortero se convirtió en una atracción. No sólo se acercaban al lugar eruditos deseosos de conocer las extrañas pinturas que podían verse en su bóveda, también acudía gente atraída por la curiosidad que despertaba un novedad como aquélla. En la mayoría de los casos se trataba de fisgones y curiosos que deseaban ver las «pinturas de los toros». Fue entonces cuando la cueva fue bautizada con el nombre de Altamira.

La prensa local se hizo eco de la noticia e informaba de que eran muy numerosas las personas de todos los pueblos de la zona que acudían a visitar la cueva. La existencia de aquellas curiosas pinturas en el «techo de una cueva» representado toros, bueyes, y algunos extraños animales que, si alguna vez existieron en aquellas tierras hacía mucho tiempo que habían desaparecido, despertaba la curiosidad de la gente. Podemos imaginarnos los comentarios que se harían, las opiniones que se darían y las disputas que provocaría una novedad como la que tenía ante sus ojos.

Quienes entraban y salían de la cueva lo hacían sin ningún tipo de control y la afluencia era tan numerosa que empezó a preocupar a Sanz de Sautuola. Don Marcelino estaba temeroso por el daño que podían sufrir las pinturas. En sus visitas a otras cuevas donde había

6. José Fernández Quintano: *Filosofía del arte paleolítico en el siglo XIX*, Visión Net, Madrid, 2009, página 63.

encontrado útiles de piedra y restos óseos que había asociado a la prehistoria, Sanz de Sautuola había encontrado restos de fuego no muy antiguos. En sus *Breves apuntes...* señala que en su visita a una cueva en el término de Revilla había observado como en «algunos sitios de los costados presentaban señales oscuras, como de haberse hecho fuego en época no lejana, y por el suelo se notaban cenizas recientes y pajas».[7] Eso significaba que habían servido de lugar de abrigo o refugio de alguna gente que había encendido fuego.

En Altamira no había ocurrido nada parecido al haber permanecido su entrada oculta hasta entonces. Pero ahora, con el acceso al alcance de todo tipo de visitantes, podía ocurrir cualquier cosa. La presencia de tanta gente suponía un grave riesgo para las pinturas y Sanz de Sautuola temió que en esas circunstancias se pudiera causar un daño irreparable.

Las visitas a Altamira no sólo habían atraído la atención de los curiosos. También habían despertado el interés de los círculos académicos e intelectuales y en aquellos meses se multiplicaron las visitas de personalidades y de hombres de ciencia. Sanz de Sautuola y Pérez del Molino habían escrito a Vilanova y Piera, invitándolo a visitar la cueva para que conociera in situ las extraordinarias pinturas de su bóveda. También le enviaban una caja con importantes restos óseos y útiles líticos hallados en la cueva.

Vilanova y Piera había descubierto los restos fósiles del primer dinosaurio encontrado en España, también los yacimientos prehistóricos valencianos de El Parpalló y la Cueva Negra, y hacía algunos años que había editado su libro *Origen, naturaleza y antigüedad del hombre.*

7. *Op. cit.*, página 4.

Fiel a sus creencias religiosas, distaba de situarse en las filas del catolicismo integrista. Se mantenía dentro de las tesis de los creacionistas, pero defendía también que la interpretación del relato bíblico había de hacerse en un sentido amplio, sin aferrarse a la lectura restrictiva de la Biblia. Se mostraba contrario al rigorismo de quienes rechazaban cualquier posibilidad de aceptar una antigüedad mayor que los pocos miles de años que se admitían desde los postulados más inmovilistas.

El catedrático de la Universidad Central daba cuenta del envío de Sanz de Sautuola y Pérez del Molino en la sesión celebrada por la Sociedad Española de Historia Natural el 1 de septiembre. En el acta correspondiente quedaban recogidas las impresiones de Vilanova y Piera:

> Exhibió el señor Vilanova un magnífico regalo que acababa de recibir del señor D. Marcelino S. de Sautuola, diligente y celoso arqueólogo de Santander, consistente en una caja perfectamente dispuesta para contener la colección de objetos prehistóricos notabílisimos descubiertos por el entusiasta arqueólogo citado y por D. Eduardo Pérez del Molino, farmacéutico de Torrelevaga, en la cueva de Altamira, por tantos conceptos famosa ya.
>
> Pertenecen dichos objetos á la época remotísima dicha del cuchillo y también del reno, y figuran entre ellos cuchillos de pedernal, puntas de lanza, flechas y utensilios de hueso, perfectamente labrados; algunas flechas y puntas de lanza son de cristal de roca, por todo extremo raras en Europa y en América, y totalmente desconocidas hasta ahora en España. Pero no es esto ni los infinitos huesos de caballo, jabalíes y otros animales no determinados aún, lo

> que se ha descubierto y da justo renombre á la mencionada cueva y gloria a sus exploradores, sino las esculturas toscas y los dibujos que se encuentran en el techo de las galerías, y de los cuales también se ha remitido al señor Vilanova una copia.
>
> La Sociedad, grata y satisfactoriamente impresionada por este feliz hallazgo, que tan útil puede ser para la primitiva historia patria, acordó dirigir una comunicación todo lo lisonjera posible á los ilustres investigadores de las cuevas de Santander, dándoles las gracias y estimulándoles a que completen la exploración de aquellos antros, que encierran las más preciadas joyas de nuestros aborígenes, y al propio tiempo, y en vista de las razones manifestadas por los señores Presidente, Botella, Colmeiro, Perez Maeso y Vilanova, así como la falta de recursos en que la Sociedad se encuentra para dar impulso a las exploraciones del país, acordó que una comisión de su seno compuesta por los señores Guirao y Vilanova, se acerque el Excmo. Sr. Ministro de Fomento para que este recompense como es debido estos servicios y estimule con su eficaz auxilio la exploración de esas cavernas.[8]

Esta era la primera referencia a las pinturas de Altamira —ya aparece denominada con ese nombre— que se recogía en las actas de la Sociedad Española de Historia Natural. Vilanova y Piera señalaba ya, aunque hasta ese momento sólo había tenido a la vista unos dibujos que reproducían las pinturas, su importancia y al igual que Sanz de Sautuola, las adscribía a la época más antigua

8. *Actas de la Sociedad Española de Historia Natural.* Actas correspondiente a la sesión del día 1 de septiembre.

de la Edad de la Piedra, a la que el denominaba la «Edad del Reno». Añadía algo sumamente importante: los restos óseos, las conchas marinas y el instrumental lítico encontrados en el suelo de la cueva eran muy importantes, pero lo que realmente daba renombre a la cueva y «gloria a sus exploradores» eran las extraordinarias pinturas de su bóveda, que no tenían parangón en ninguna otra parte de Europa.

Durante los meses de verano, aprovechando el buen tiempo, la afluencia debió llegar a tal extremo que Sanz de Sautuola consideró necesario establecer algún control, y a finales de agosto solicitaba permiso al ayuntamiento de Santillana para colocar una puerta de madera a la entrada de la cueva y que el propio don Marcelino pagaría a sus expensas.[9] Con esta medida no sólo se trataba de establecer algún tipo de control a las visitas, sino que se evitaría un posible acto de vandalismo, ya que el acceso a la cueva, pese a la dificultad que suponía salvar el desnivel que había entre la entrada y el suelo de la primera galería, era relativamente fácil. Poco después, el ayuntamiento de Santillana del Mar, a cuya jurisdicción municipal pertenecía el lugar donde estaba emplazada la cueva, tomó la decisión de limitar el acceso, colocando una puerta nueva para controlar la entrada de la caverna. En el mismo verano de 1880 esa puerta de madera fue sustituida por una verja de hierro, mediante un acuerdo que se adoptaba en un pleno de la corporación municipal.

9. Más tarde esa puerta de madera pagada por Sanz de Sautuola fue sustituida por una verja metálica que colocó el propio ayuntamiento.

CAPÍTULO IX

LA VALORACIÓN DE SANZ DE SAUTUOLA

Sanz de Sautuola se refiere al lugar donde ha encontrado las pintura como una cueva «situada en la sierra común, sitio llamado de Juan Mortero, término del lugar de Vispiéres, Ayuntamiento de Santillana del Mar, (recientemente la han denominado de Altamira, tomando este nombre de un prado inmediato que se llama así)...».[1] Llama la atención que aceptara desde el primer momento el hecho de que las pinturas eran una manifestación realizada por el hombre prehistórico. Sin duda, esa determinación se apoyaba en la cronología paleolítica que tenían los restos óseos y sobre todo el instrumental lítico hallado en la cueva. Era en gran medida una deducción lógica, no existía antecedente alguno de un descubrimiento semejante en ninguna otra parte de Europa y eso hacía que carecie-

1. *Breves apuntes...*, página 11.

ra de cualquier otra referencia. No es descartable que, al menos en las primeras semanas, dudara. Los animales allí representados eran de una calidad pictórica que no parecía estar en consonancia con la tosquedad que ofrecían otras manifestaciones relacionadas con la etapa paleolítica. Podía pensar que los animales allí representados se debieran a una mano posterior, pero si ese pensamiento pasó por su mente lo abandonó rápidamente. Don Marcelino sabía que la cueva había permanecido oculta mucho tiempo y, por lo tanto, no había memoria de que hubiera tenido visitantes, aunque Modesto Cubillas en alguna ocasión indicó que había dado cuenta del descubrimiento de la cueva a «varias personas».[2] En cualquier caso, el desconocimiento de la cueva hacía que las pinturas tuvieran que ser muy antiguas, aunque no necesariamente de época prehistórica. Sin embargo, la existencia de restos óseos y de material lítico allí encontrados, señalaba, sin dejar ningún margen para la duda, que la cueva era un yacimiento prehistórico cuyo material lítico estaba solamente tallado y eso apuntaba al Paleolítico.

Sanz de Sautuola afirmará, cuando publique la obra en la que daba a conocer el contenido de lo que había en Altamira, que incluso en el instrumental lítico podía percibirse que el tallado de las piezas era menos perfecto que el que ofrecían los utensilios de piedra que él había hallado en una cueva próxima, la de Camargo. Eso hizo que situara el material lítico de Altamira en un momento muy antiguo de la etapa paleolítica.

2. En la carta que dirigió al rey Alfonso XII con motivo de su visita a Altamira en 1881, señala: «Que soy el único y verdadero descubridor de la cueva de Altamira, que V. M. ha visitado y que él se la hizo ver a varias personas, entre ellas al señor don Marcelino Sautuola»

Contando con esos elementos y, pese a la perfección que ofrecían las pinturas, las situó en la etapa de la piedra antigua. La época en que estaba habitada por la gente que dejó el gran depósito de restos óseos, conchas marinas y material lítico tallado.

Señaló que el magnífico estado de conservación que ofrecían las pinturas, que podía hacer dudar de su antigüedad, podía deberse a haber permanecido ocultas y también a la cristalización de una capa casi microscópica de cuarcita que se había producido en la bóveda con el paso de los siglos. El haber permanecido oculta, a causa de algún desprendimiento de las rocas de la entrada, también le permitía explicar que se hubieran conservado los restos de ocres y rojos encontrados en la cueva, que podían haber sido utilizados para la elaboración de las pinturas. Esos ocres estaban situados en sustratos de mucha antigüedad, otro indicio que le llevaba a pensar en el carácter prehistórico de las pinturas. Pero el detalle más llamativo y que revela la capacidad de análisis del abogado santanderino lo tenemos en la comparación que hizo del estilo que ofrecían las pinturas con el que aparecían en los animales que estaban reproducidos en astas y colmillos de elefante.[3]

Sanz de Sautuola iba aún más lejos en la comparación con dichos grabados, al no circunscribirlos a una perspectiva estilística. Reparaba en el hecho de que en los grabados en asta y hueso los temas representados también eran animales. Dedujo que probablemente se trataba de las especies que veían aquellos hombres y que eran un elemento fundamental para conseguir el susten-

3. Se refería Sanz de Sautuola a la reproducción de animales, grabados en huesos y en colmillos de elefante, que se habían encontrado en diferentes lugares y sobre los que no se albergaban dudas acerca de su antigüedad, que se situaba en tiempos prehistóricos.

to. Según sus propias palabras «... no será aventurado admitir que si en aquella época se hacían reproducciones tan perfectas, grabándolas sobre cuerpos duros, no hay motivo fundado para negar en absoluto que las pinturas de que se trata tengan también una procedencia tan antigua...».[4]

Admitir que las pinturas eran obra del hombre primitivo suponía mucho más que asociarlas a la prehistoria. Significaba una extraordinaria novedad en torno a la imagen que se tenía en aquel momento del hombre primitivo y eso era algo que resultaba muy problemático. Aunque su descubridor era consciente del impacto que su hallazgo iba a tener, no podía imaginar, ni remotamente, la polémica que iba a desatarse. Las pinturas de Altamira iban a suponer la apertura de uno de los capítulos más apasionantes de la prehistoria. Abrían un debate que abarcaba desde las limitadas capacidades que se otorgaban a un hombre en un estadio primitivo de civilización hasta la interpretación que se podía dar al hecho de la representación de los animales que aquel hombre, fundamentalmente cazador, encontraba en su medio ambiente. Esas interpretaciones continúan levantando importantes polémicas en la actualidad, en que se siguen planteando hipótesis y formulándose nuevas interpretaciones sobre el significado y la variedad del llamado arte rupestre.

Hemos de suponer que, pese a las seguridades que le proporcionaban las circunstancias que hemos señalado, Sanz de Sautuola albergaría dudas razonables y sentía sobre él la presión que un descubrimiento como aquel implicaba. Temía incluso que se pudieran considerar una falsificación, que las pinturas fueran un gran

4. *Breves apuntes*... páginas 21 y 22.

fraude y se las considerara como la obra de un pintor moderno. Sus dudas y temores quedaban patentes cuando afirmaba:

> No se me oculta que a muchos de mis lectores pueda ofrecérseles la duda de si los dibujos y pinturas de que me he ocupado, y que en mi humilde opinión son dignos de estudio detenido, habrán servido de solaz á algún nuevo Apeles; todo cabe en lo posible, pero juzgando el asunto en serio, no parece que pueda aceptarse esta opinión. Por de pronto esta cueva era completamente desconocida hasta hace pocos años; cuando yo entré en ella por primera vez, siendo con seguridad de los primeros que la visitaron, ya existían las pinturas de la quinta galería, las cuales llaman la atención fácilmente por estar como a dos pies del suelo y por sus rayas negras repetidas. Las de la galería primera no las descubrí hasta el año pasado de 1879, porque la primera vez no examiné con tanto detenimiento la bóveda... por lo demás me parece indudable que tanto, las unas como las otras, no son de época reciente; las de la quinta galería porque no es admisible que por entretenimiento se metiera allí ninguno a pintar unas figuras indescifrables; y las de la primera, si bien como ya he dicho, no parecen de época remota, se resiste a suponer que en fecha reciente haya habido quien tuviese el capricho de encerrarse en aquel sitio a reproducir por la pintura animales desconocidos en este país en la época de su autor.[5]

5 . *Ibidem*, páginas 22 y 23.

Con estas reticencias que, sin duda, ponen de relieve las críticas y el rechazo que habían despertado las pinturas, Sanz de Sautuola señalaba que debían de situarse en la época de la Edad de Piedra, y más concretamente en el periodo de la piedra tallada.

Como quiera que las palabras que hemos citado veían la luz en una obra que salía de la imprenta a finales de verano de 1880, es decir, bastantes meses después de que su hallazgo fuera ya del dominio público, es muy posible que con estos argumentos, Sanz de Sautuola estuviera respondiendo a algunas de las críticas que circulaban acerca de la antigüedad de las pinturas. Principalmente, desde los sectores más conservadores de la sociedad santanderina que no podían admitir la existencia de un hombre capaz de realizar pinturas como aquellas con una antigüedad tan grande. Tal vez, eso explique también las palabras con que cerraba sus referencias a las pinturas en los *Breves apuntes...*, con una modestia que no puede dejar de conmover, sobre todo habida cuenta de lo que iba a ocurrir en los años siguientes en que incluso se pondría en cuestión su propia honorabilidad, al afirmarse que las pinturas eran una burda falsificación. No como un rumor, sino como una afirmación académica a la que se revestía de argumentos científicos por parte de personas a las que se le suponía una sobrada cualificación, como acreditaban los importantes cargos que desempeñaban.

> Quédese, pues, para otras personas más ilustradas el hacer un estudio concienzudo sobre los datos que á la ligera dejo mencionados, bastándole al autor de estas desaliñadas líneas la satisfacción de haber recogido una gran parte de objetos tan curiosos para la

> historia de este país, y de haber adoptado las medidas oportunas para que una curiosidad imprudente no haga desaparecer otros no menos importantes, dando con todo esto motivo a que los hombres de ciencia fijen su atención en esta provincia, digna de ser estudiada más que lo ha sido hasta el día.[6]

Sanz de Sautuola, más allá de sus cautelas, trató de encontrar una explicación no sólo a los animales que aparecían en la gran bóveda, sino también a las pinturas más simples. Las que se reducían a simples trazos y aparecían en lugares más profundos de la caverna. En un primer momento barajó la posibilidad de que se tratase de unos signos hechos por algún «inesperto (*sic*)» con una finalidad práctica: poder orientarse en el interior. Esos signos serían una forma de reconocer el trayecto realizado, ya que en las galerías del fondo la oscuridad era absoluta. Lo apuntó como una mera posibilidad que, sin embargo, él mismo desecharía muy pronto el señalar que, en tal caso, estarían hechas al alcance de la mano para poder palparlas, cosa que no ocurría, ya que esos trazos de difícil interpretación aparecían en lugares demasiado elevados. Además en ciertos sitios eran tan numerosos que esa explicación resultaría poco plausible.

6. *Ibidem*, página 24.

CAPÍTULO X

REPERCUSIONES DEL DESCUBRIMIENTO DE LAS PINTURAS

En aquellas ocasiones en que los descubrimientos significaron grandes hitos en el conocimiento de la humanidad prehistórica que, poco a poco, iba configurando un mapa de la prehistoria cada vez más tupido, nos encontramos que, por lo general, fueron recibidos con desdén en los medios académicos. Ese desdén se convertía en un rechazo frontal, cuando las nuevas perspectivas que proporcionaban los avances en el campo de la geología o de la paleontología suponían un ataque a un sistema de creencias firmemente asentadas en las sociedades europeas. Incluso en los ambientes más proclives a asumir los nuevos enfoques científicos y las transformaciones que llegaban de la mano de estas disciplinas, las reticencias fueron moneda corriente.

Esas circunstancias cobraban mayor entidad cuando se trataba de descubrimientos que suponían asumir una innovación más radical de los planteamientos en los que se había sustentado la ciencia hasta entonces. En páginas anteriores nos hemos referido a lo que le ocurrió a Schmerling con los restos encontrados en los alrededores de Lieja o al propio Boucher de Perthes con el material lítico hallado en la cantera del Molino Rojo de Quignon.

El hallazgo de las pinturas de la caverna de Altamira abría la puerta a una realidad mucho más extraordinaria que los planteamientos de otros pioneros de la prehistoria. Al igual que ellos, Sanz de Sautuola tenía una formación académica —recordemos que había obtenido la licenciatura en Derecho—, pero estaba alejado de los círculos estrictamente científicos. Sus actividades en el campo de la prehistoria se movían en el terreno propio de un aficionado. Por otro lado, el ambiente que se respiraba en la España de la Restauración que, de la mano de Cánovas del Castillo, había permitido el retorno de los Borbones al trono en 1875, no era el más propicio para asumir novedades como las que planteaban el descubrimiento de unas pinturas que, dada su calidad, conducían a cuestiones mucho más profundas sobre la humanidad prehistórica, que las derivadas de su antigüedad.

El descubrimiento de las pinturas tuvo lugar en la España dominada políticamente por el sistema bipartidista del turno pacífico de los conservadores y liberales, dirigidos respectivamente por Antonio Cánovas del Castillo los primeros y los segundos por Práxedes Mateo Sagasta. Conservadores y liberales eran partidos del sistema y habían impuesto un orden político que significaba en el campo de la ciencia —también en otras escalas de la vida— la antítesis a los planteamientos que se habían alumbrado durante los años del llamado Sexenio Revolucionario (1868-1874), caracterizado por la inestabilidad. Con la llegada de la Restauración los planteamientos políticos se formularon en función de la estabilidad institucional y esa estabilidad se fiaba al funcionamiento, según el modelo anglosajón, del bipartidismo y la alternancia en el poder y de una constitución, que además de dar cobertura legislativa al nuevo sistema político, había recortado muchas de las libertades recogidas en la Constitución de 1869. Entre ellas, la libertad de prensa y el derecho de opinión, que incluía la libertad de cátedra.

Las posibilidades que en el terreno de la opinión y la libertad de expresión se habían abierto durante los años del Sexenio Revolucionario permitieron, con la publicación de la Ley de libertad de Enseñanza en octubre de 1868, superar las trabas ideológicas imperantes durante décadas en la llamada España isabelina. Durante ellas se había limitado severamente el desarrollo de las teorías que, relacionadas con los orígenes de la Tierra y la aparición de la humanidad sobre ella, se abrían paso en otros países de nuestro entorno.

Si en Europa los combates sostenidos por los defensores del creacionismo y de las nuevas tesis que alumbraban la geología, la paleontología o la prehistoria, fueron muy fuertes, en España esa lucha fue mucho mayor. La Iglesia católica, pese a haber perdido el enorme poder económico que había acumulado durante los siglos anteriores, como consecuencia de la desamortización de Mendizábal, seguía ejerciendo una gran influencia en la sociedad. Controlaba una parte importante del sistema educativo, que el poder político había dejado en sus manos y tenía un gran ascendiente en los sectores ligados al pensamiento conservador.

En el campo del pensamiento y de la ciencia, la Restauración supuso que las posibilidades abiertas en el

Sexenio Revolucionario quedaran cercenadas en una fecha tan temprana como el 26 de febrero de 1876 —apenas unas semanas después de la restauración borbónica y de la proclamación de Alfonso XII— con la publicación de un decreto que anulaba los principios fundamentales de la Ley de octubre de 1868. El decreto era obra del ministro de Fomento —entre cuyas competencias se encontraba lo que entonces se denominaba Instrucción pública—, Manuel Orovio Echagüe, quien en la última etapa de Isabel II ya había desempeñado esa misma cartera. El decreto que ahora se publicaba era en gran medida una renovación del que había entrado en vigor en 1868, coincidiendo con los estertores del reinado de Isabel II. En el mismo se prohibía la libertad de cátedra y toda enseñanza contraria a la fe católica o la monarquía. Su entrada en vigor hizo que fueran expulsados de sus cátedras profesores como Emilio Castelar o Nicolás Salmerón, defensores del credo republicano, y numerosos profesores ligados intelectualmente al movimiento krausista[1] como Julián Sanz del Río, Fernando de Castro o Francisco Giner de los Ríos, que llegó a ser confinado en Cádiz, en el castillo de Santa Catalina.

Con el nuevo decreto de Orovio se cerraba el paso a cualquier novedad intelectual que se entendiera que perjudica a la fe católica, lo que suponía cerrar el paso a los planteamientos ligados al evolucionismo. A la vez que se estimulaba la oposición a aquellos planteamientos que significaran alteraciones en los principios científicos más conservadores.

1. Doctrina defensora de la tolerancia académica y de la libertad de cátedra. El nombre de krausismo deriva del de su creador Karl Christian Friedrich Krause. En España alcanzó un importante desarrollo gracias a la labor de Julián Sanz del Río y la Institución Libre de Enseñanza.

El decreto, conocido con el nombre del ministro que lo promulgó, señalaba textualmente:

> … De poco o nada sirve a los Gobiernos procurar restablecer el orden material, base y fundamento de todo progreso, y garantizar para lo sucesivo la paz pública, fomentando los intereses materiales, si a la vez no se ocupan del orden moral educando e ilustrando convenientemente al pueblo, dando paz a las conciencias cuando se encuentran inquietas o perturbadas, y garantizando los fueros de la ciencia más comprometidos cuando la pasión y el vértigo revolucionario los conduce al error en nombre de una libertad ilimitada y absoluta… se ha venido a tiranizar a la inmensa mayoría del pueblo español, que siendo católica tiene derecho, según los modernos sistemas políticos fundados precisamente en las mayorías, a que la enseñanza oficial que sostiene y paga, esté en armonía con sus aspiraciones y creencias…[2]

Muchas de las tesis que planteaban los avances que estaban produciéndose en las llamadas, genéricamente, como ciencias naturales quedaron postergados o se les puso sordina. Los debates a que había dado lugar la difusión de la obra de Charles Darwin acerca del origen de las especies y la teoría de la evolución casi desaparecieron del panorama científico español. No obstante, hemos de señalar que en los cenáculos académicos, en los círculos universitarios y en los ambientes intelectuales de la España de aquellas décadas también se alumbraron tesis

2. Circular del ministro de Fomento, don Manuel Orovio Echagüe de 26 de febrero de 1875 dirigida a los rectores de las universidades españolas

innovadoras en el terreno científico y se alzaron voces críticas contra los planteamientos restrictivos del gobierno. Los krausistas continuaron con su actividad. También la Institución Libre de Enseñanza desempeñó un papel importante en la educación y en sociedades como la Sociedad Española de Historia Natural, se estuvo al tanto de los avances científicos propios de su competencia y se sustanciaron en su seno debates de gran interés, alguno de ellos referido a las pinturas de Altamira. También fue frecuente, con el apoyo del gobierno, la participación de destacadas personalidades del mundo científico español en congresos y jornadas internacionales.

La publicación de los *Breves apuntes...* —recordemos que vieron la luz en 1880— se produjo en un ambiente muy poco propicio a asumir novedades en el campo de una ciencia, que se encontraba todavía en mantillas, y cuyos cultivadores eran vistos con recelo por las autoridades y con un rechazo sin paliativos en los ambientes más conservadores que eran los que controlaban una parte importante de los círculos académicos. Si a ello sumamos que el descubrimiento de las pinturas de Altamira revestía un carácter tan innovador que podemos denominarlo con toda propiedad revolucionario, nos explicamos las reticencias con que fue acogido y el amplio rechazo que provocó.

Sanz de Sautuola no podía, sin embargo, negar la evidencia de lo que significaba su descubrimiento. Estaba convencido de que quienes habían realizado aquellas pinturas de la bóveda de Altamira eran hombres relacionados con el instrumental lítico que aparecía en el suelo, perteneciente a la época más antigua de la Edad de Piedra. Con la modestia que impregna todo el texto de su obra se limitaba a apuntarlo y señalaba que gente más cualificada que él sería quien debía de encargarse de un estudio más profundo de las pinturas.

Ahí es donde tendrá un papel sumamente importante Vilanova y Piera, quien había aceptado la invitación que se le había cursado para visitar la cueva. Su visita a Altamira tenía un factor añadido, ya que no sólo respondía a dicha invitación, sino que también tenía un carácter oficial. Viajaba a Santander como comisionado por el Ministerio de Fomento. Acompañado por el antropólogo Miguel Rodríguez Ferrer[3] y el profesor Francisco Giner de los Ríos[4].

Emprendieron viaje a Santander en los primeros días de septiembre y el día 8 de ese mes visitaban Altamira. Vilanova y Piera deseaba estudiar los materiales óseos y líticos aparecidos en la cueva y también conocer directamente aquellas extraordinarias pinturas. El día de la visita a Altamira, Vilanova y Piera, según Rodríguez Ferrer, encontró un cráneo completo de un oso de las cavernas (*Ursus spaleus*) e identificó numerosas conchas marinas y dientes de diversos animales. Asimismo llamó la atención sobre la ausencia de restos de cerámica, lo que señalaba la gran antigüedad del yacimiento. El catedrático aprovechó su estancia en Santander para visitar otras cuevas, como la cercana de Camargo, donde Sanz de Sautuola habían encontrado también importantes materiales.

3. Miguel Rodríguez Ferrer (Lebrija, 1815-Madrid, 1889), fue un importante escritor y geógrafo del siglo XIX. Ocupó diferentes cargos públicos en la península —fue gobernador civil en diferentes provincias— y en Cuba. Su estancia en La Habana marcó de forma muy importante su obra. Trabajó para *La Ilustración Española y Americana*.

4. Francisco Giner de los Ríos (Ronda, Málaga, 1839-Madrid, 1915, fue un pedagogo, filósofo y ensayista que recogió las enseñanzas de Julián Sanz del Río. Creador o impulsor de importantes instituciones pedagógicas como la Institución Libre de Enseñanza, la Junta para la Ampliación de Estudios o las Misiones Pedagógicas.

Pero lo más importante de su visita fue el impacto que produjeron en él las pinturas de Altamira. Su opinión coincidía con la de Sanz de Sautuola, al situarla en el Paleolítico. Pese a que se trataba de una novedad tan extraordinaria que aconsejaba cautela, Vilanova y Piera no albergó dudas acerca de que los animales que decoraban la bóveda de la cueva eran pinturas prehistóricas y, al igual que Sanz de Sautuola, las asoció a la etapa más antigua de la Edad de la Piedra, al relacionarlas con el material lítico y óseo obtenido en el mismo lugar.

La presencia del eminente catedrático de geología y paleontología fue todo un acontecimiento en Santander. No sólo por su categoría científica y su prestigio internacional, sino por lo que pudiera decir acerca de las pinturas. Su reconocimiento como obras de la prehistoria suponía un espaldarazo muy importante para su descubridor, algo muy necesario para hacer frente a las voces que ponían en cuestión las pinturas e incluso le acusaban de falsario. La presencia de Paul Ratier en la cueva, que era del dominio público, había dado lugar a numerosas especulaciones y levantaba toda clase de rumores.

CAPÍTULO XI

VILANOVA Y PIERA EN SANTANDER

En su visita a Cantabria, Vilanova y Piera dictó dos conferencias. La primera la impartió el día 11 de septiembre en el Casino Montañés de Torrelavega. Estuvo dedicada fundamentalmente a cuestiones generales relacionadas con la prehistoria y la arqueología. La segunda tuvo lugar al día siguiente y tuvo como escenario el Instituto Provincial de Santander.[1] En esta segunda fue donde entró a fondo en lo que había visto en la cueva de Altamira y tuvo mucha más repercusión social. A ella asistieron deferentes autoridades, entre las que se encontraba el gobernador civil de la provincia.

1. Los textos de ambas conferencias —una de carácter más general sobre la prehistoria y sus etapas y otra más específica sobre los hallazgos realizados por Sanz de Sautuola, Pérez del Molino y Eduardo de la Pedraja en diferentes zonas de Cantabria, lo que incluía la cueva de Altamira— pueden verse en la edición realizada por Orestes Cendero Uceda en su libro: *Juan Vilanova y Piera. Conferencias dadas en Santander,* Universidad de Cantabria, colección Santander 4 Estaciones, Santander, 1997.

Algunas de sus afirmaciones son de gran interés. En primer lugar, porque nos permiten acercarnos a las líneas básicas de su pensamiento científico[2] en este momento y explican, en buena medida, sus buenas relaciones con unas autoridades que se mostraban recelosas con las iniciativas científicas que podían alterar postulados defendidos por la Iglesia. En segundo lugar, porque revelan que la importancia y la antigüedad que concedió a las pinturas de Altamira desde que tuvo noticia de su existencia, quedaban confirmadas después de su visita a la cueva y contemplarlas in situ. Vilanova y Piera a partir de este momento se convertirá, por su prestigio intelectual y su posición académica, en el gran defensor de las pinturas, haciendo frente al rechazo que originaron en los foros internacionales, hasta el punto de jugarse su prestigio científico.

En la conferencia pronunciada en el Casino Montañés hizo referencias a aspectos acerca de su posición en el debate que sacudía en aquellos momentos a la ciencia española y particularmente a la prehistoria, dejando clara su postura creacionista:

> La historia humana, si se exceptúa la del relato bíblico, principalmente concretada á la del pueblo hebreo, tal como se consideraba hasta hace unos cuantos años, reconocía como deleznables fundamentos la secular tradición, la mitología y la fábula; se tenía la idea fundada en la narración bíblica, que el hombre había existido antes del diluvio, como el mismo legislador del pueblo predilecto, presenta este aconteci-

2. Vilanova y Piera se convertirá, desde el primer momento, en un decidido defensor de la autenticidad de las pinturas de Altamira. Por su cualificación científica y su prestigio académico, se convertirá en su principal defensor en los foros y encuentros científicos internacionales y también en los círculos académicos españoles.

> miento como un castigo del cielo por la corrupción de la carne; pero como quiera que se encontraban restos del hombre en estado fósil que pudieran acreditar el hecho en el terreno de la ciencia, muchos se servían de este argumento para invalidar la realización del diluvio mosáico, ó la anterioridad del hombre al gran cataclismo. Pero en medio de estas dudas y contrariedades, hijas de ideas preconcebidas, encaminadas a desprestigiar los dicho hace cuarenta siglos por Moisés, el presentimiento de la certidumbre del hecho, subsistía en la mente de la humanidad, encaminándose muchos y generosos esfuerzos a demostrarlo.[3]

También hizo una alusión al atraso que en España tenían los estudios de prehistoria a diferencia de lo que ocurría en otros países de nuestro entorno y se lamentó de su escaso desarrollo. Precisamente Vilanova y Piera se había referido al «bochorno de que Portugal nos tome en este asunto la delantera»,[4] organizando el IX Congreso Internacional de Antropología y Arqueología Prehistórica. A lo que había que añadir el fracasado intento realizado por algunos prehistoriadores españoles, como Francisco María Tubino y el propio Vilanova y Piera, para que se celebrase en Madrid una sesión extraordinaria a la finalización del congreso de Lisboa, pero no lograron su propósito, pese a las gestiones realizadas en el Ministerio de Fomento.

Ese atraso de la prehistoria en España le permitió señalar el mérito que tenía el trabajo que realizaban hombres como Sanz de Sautuola y Pérez del Molino a quienes rindió tributo público por sus esfuerzos. Realizaban

3. Cifr. en Orestes Cendero Uceda: *op. cit.*, páginas 41 y 42.
4. Cifr. en Alfredo Mederos Marín: *op. cit.*, página 163.

sus prospecciones y excavaciones sin contar con el apoyo de las instituciones públicas, a lo que se añadía que con mucha frecuencia se enfrentaban a la indiferencia de sus convecinos cuando no se encontraban con un rechazo malintencionado.

En la conferencia pronunciada al día siguiente en el Instituto Provincial de Santander, hizo una extraordinaria presentación del sitio donde habían tenido lugar el hallazgo de las pinturas, poniendo de manifiesto sus vastos conocimientos de geología. Describió la estructura del terreno donde se asentaba la cueva, señalando que era tierra cretácica y, por lo tanto propicia a la formación de cavernas, además de poseer una importante variedad de fósiles. Añadió algunos nombres nuevos a las especies ya descubiertas por los naturalistas locales —se trataba de los restos encontrados en su visita a la cueva unos días antes— y, refiriéndose a la industria lítica de la zona, señaló que el hombre que elaboró aquellos útiles aprovechó los materiales sedimentarios propios del cuaternario. Llamó también la atención sobre la escasa presencia de objetos de sílex, material que constituía la principal materia prima utilizada por el hombre prehistórico para confeccionar su instrumental y señaló lo extraordinario del hallazgo de útiles elaborados en cristal de roca, ya que se trataba de un material que no había sido encontrado en ninguna otra parte de Europa, al menos hasta aquel momento.

Se refirió a la ocupación humana de la cueva, señalando que el asentamiento del hombre, que situó en la primera galería, sólo fue posible una vez que logró expulsar de allí a los animales que la tenían como guarida. Se refirió también con mucho detalle al instrumental lítico y a los restos óseos allí encontrados, pero todo eso fueron unos preliminares necesarios para hablar de lo que se había convertido en el objetivo principal de esta conferencia: su opinión sobre las pinturas encontradas en la bóveda de aquella caverna. Lo que el público esperaba del eminente catedrático era que se pronunciara sobre las pinturas rupestres que tanta expectación habían levantado. Vilanova y Piera no defraudó, pese a ser consciente de que un descubrimiento como aquél, que no tenía parangón en toda Europa, desataría la polémica y no sería fácilmente aceptado por la comunidad científica internacional.

Así lo señaló:

> ... Sin género alguno de dudas ha de motivar las más serias discusiones, mezcladas, tal vez de dudas, de sospechas y de no escasa crítica...[5]

Después de referirse a algunos trazos y esbozos, para los que no resultaba fácil encontrar una explicación, centró su atención, como no podía ser de otra forma, en las figuras de la primera galería:

> ... solo se observan figuras bien hechas, representando diferentes animales, colocados en actitudes diversas, revelando todas ellas la suma destreza del artista [...] que dio evidentes pruebas de sus aficiones en los dibujos que trazaba con los instrumentos de hueso, hacía sus primeros ensayos y que una vez seguro del éxito, se decidió a trazar con mano firme y conocimiento instintivo del arte las veintitantas figuras, que adorna el techo de la galería ancha [...] todos los dibujos de ambas galerías son de una misma mano o, por lo menos de individuos en quienes el gusto artís-

5. Orestes Cendero Uceda: *op. cit.*, página 118.

> tico, espontáneamente nacido en ellos, se perpetuaba de generación en generación [...] comenzaba siempre por trazar su perfil sobre la piedra [...] con trazos toscos y anchos, muchas veces [...] no continuos, sólo interrumpidos, hasta lograr el efecto que deseaba [...] no habiendo empleado el artista instrumento fino y delicado de metal, claro está que hubo de servirse de los de piedra, y en éste, casi hay un noventa por ciento de probabilidades de que todo aquello es contemporáneo del depósito que, en el fondo de la cueva existe, como resueltamente lo creo...[6]

También nos dejó un valioso testimonio de las circunstancias en que se produjo el descubrimiento de las pinturas.

> ... Cuando el amigo Sautuola, con los antecedentes adquiridos penetró en la caverna, sólo servía ésta de guarida de alimañas, estando seguro de que desde aquel momento hasta que tuvo la fortuna, por una feliz casualidad, de reconocer las pinturas de la primera galería, no las había visto nadie...[7]

Dedicó grandes elogios a la cueva de Altamira e indicó que si bien no se trataba de la primera que se había descubierto en la zona «... goza del privilegio de ser la más importante, no sólo entre las más conocidas en la provincia, sino también entre todas las que hasta la presente se han descubierto en España y quizá en Europa no conociendo ninguna que bajo el punto de vista de una de sus más notables particularidades, pueda comparársele».[8]

6. *Ibidem*, páginas 118-119.
7. *Ibidem*, página 114.
8. *Ibídem*, página 113.

Vilanova y Piera comprendió desde el primer momento el importante valor de los hallazgos y no regateó elogios. Se refirió a Altamira como uno de los lugares más importantes para acercarse al conocimiento de la prehistoria, situándola —sin duda aquella exaltación era debida a la existencia de las pinturas— en un lugar de privilegio dentro del conjunto de los yacimientos prehistóricos europeos. Hizo también alusión a las garantías de fiabilidad que ofrecía gracias al hecho de que no se tuviera conocimiento de su existencia y de que su entrada hubiera permanecido oculta hasta fecha una muy reciente, algo que en su opinión excluía cualquier posibilidad de falsificaciones:

> Desde el momento en que el señor Sautuola puso por primera vez el pie en la caverna, hasta que advirtió, por indicación de su preciosa hija que lo acompañaba, de la existencia de las pinturas no creo que hubiera tiempo suficiente para que algún artista tuviera la humorada de permitirse trazar todos aquellos dibujos, que según se dirá, figuran en ambas galerías, con el objeto de engañar a los que más tarde había de visitarla, pues hasta ser esto factible, habría sentido la necesidad de tomar la prudente precaución de enterarse anticipadamente de cuándo aquél la frecuentaba para evitar su encuentro, con lo cual hubiéramos descubierto el fraude…[9]

Sin duda, Vilanova y Piera aludía a posibles falsificaciones, para dar una respuesta contundente a las graves acusaciones de fraude que ya habían empezado a circular por la comarca. Lo confirma el hecho de que dedicase

9. *Ibidem*, páginas 114-115.

una parte muy importante de su intervención a exponer argumentos en defensa de la antigüedad de las pinturas

Señaló que, además del desconocimiento de la existencia de la cueva, había que tomar en consideración el poco tiempo transcurrido entre el descubrimiento de las pinturas y la rápida difusión de los hallazgos. En su opinión esas circunstancias, muy importantes, excluían la posibilidad de que las pinturas fueran la obra de un «Apeles moderno».

Hizo una referencia muy importante para explicar las razones por las cuales el artista prehistórico se centró en la fauna, señalando que en el Paleolítico una de las principales actividades de los hombres era la caza de animales y que era de esos animales de donde se proveían de numerosos elementos para cubrir sus necesidades: carne, pieles huesos, astas... Tampoco dudó en afirmar que los animales que aparecían representados en la bóveda de Altamira eran los que aquellos cazadores veían en la comarca. Los observarían con todo detenimiento para encontrar sus puntos débiles, ya que siendo mucho más fuertes, conocer sus debilidades era la única forma de poder enfrentarse a ellos con éxito y poder cazarlos.

También se refirió a otros detalles que abonaban la autenticidad de la antigüedad prehistórica de las pinturas, como el hecho de que los contornos de las figuras estuvieran grabados, cuando en el caso de una falsificación habría sido mucho más sencillo limitarse al uso de la pintura.[10]

Para entender mejor las razones de por qué Vilanova y Piera dedicara tanto esfuerzo en aportar argumentos sólidos en defensa de la autenticidad de las pinturas, no debemos perder de vista algo que afectaba a la credibilidad

10. *Ibidem*, página 120.

de la arqueología con carácter general. Por estas fechas empezaba a ser algo muy frecuente la falsificación de objetos que se presentaban como fruto de excavaciones en yacimientos prehistóricos. Las falsificaciones eran algo muy común en el mundo de las antigüedades y con ellas se engañaba a incautos coleccionistas. En nuestro país, en ese momento, eran ya del dominio público, entre otras muchas, las denuncias de falsificación de ciertas esculturas ibéricas «encontradas» en el yacimiento del Cerro de los Santos.[11]

También eran del dominio público que muchas de las monedas de época romana, que circulaban en el mercado de antigüedades y que se vendían en las tiendas de los anticuarios, eran falsificaciones. Un descubrimiento tan extraordinario como el de las pinturas de Altamira había despertado ya numerosas suspicacias y se habían lanzado las primeras acusaciones de fraude.

Antes de concluir su intervención, Vilanova y Piera se planteó una serie de interrogantes que, en cierto modo, eran otra forma de descalificar a quienes se aferraban a la idea de la falsificación. Señalaba el hecho de que en el interior de la cueva no había señales de humo que fueran testimonio de la existencia de un fuego que habría permitido al pintor de Altamira la luminosidad necesaria para

11. El Cerro de los Santos es un importante yacimiento arqueológico situado a pocos kilómetros de Montealegre del Castillo (Albacete) donde, desde 1830, cuando se quitó la vegetación que lo cubría, aparecieron importantes restos arqueológicos a flor de suelo. Las excavaciones del yacimiento han proporcionado grandes cantidades de material de época ibérica. Pero se produjo un monumental escándalo cuando se descubrió que algunas de las esculturas, que se decían procedentes del yacimiento al que acudían toda clase de aficionados a la búsqueda de «tesoro», no eran sino falsificaciones realizadas por Vicente Juan y Amat, un chamarilero, al que se conocía como «el relojero de Yecla»y que había ejercido como afinador de pianos, sacamuelas y curandero. A partir de un momento determinado (1870) centró su actividad en excavaciones en el yacimiento y por sus «hallazgos» incluso le fueron concedidas las encomiendas de Isabel la Católica y de Carlos III. Murió loco en la casa de la Misericordia de Alicante.

poder realizar su trabajo. Esa circunstancia, que habría llamado la atención de muchos visitantes, le llevó a plantear la posibilidad de que en el tiempo en que fueron realizadas las pinturas la cueva tuviera otra boca de entrada que permitiera la entrada de luz necesaria para realizar aquel trabajo. Esa misma ausencia de humo le permitió insistir en su rechazo a que fueran producto de una «humorada», como sostenían algunos, o de una falsificación malintencionada porque habría sido imprescindible disponer de iluminación artificial.

Concluyó su intervención dedicando grandes elogios a Sanz de Sautuola y ratificó nuevamente su apuesta por el alto valor de las pinturas de Altamira y reiterándose en su autenticidad:

> ... señores, las pinturas de la cueva de Santillana, si como yo creo deben considerarse como contemporáneas del depósito que allí dejó el antiguo troglodita, superan con mucho a los ensayos artísticos encontrados en las cuevas de Massat, de la Magdalena y otras de Francia, hechos sobre piedra, asta de ciervo y marfil, y son únicas en su género, por esto mismo repito, han de motivar serias y tal vez apasionadas discusiones no siempre inspiradas en el amor a la verdad.
>
> Gloria, pues, inmarcesible al descubridor de tantas novedades prehistóricas, que eclipsan todas las hasta el presente encontradas en nuestro suelo, por el servicio inmenso que la ciencia y el arte patrio le son deudores.[12]

Estas palabras del prestigioso paleontólogo español cobrarán un valor especial con el paso del tiempo. Es muy

12. Orestes Cendero Uceda: *op. cit.*, página 123.

probable que Vilanova y Piera, buen conocedor de las tensiones que los estudios relacionados con la prehistoria levantaban en España, de las que no estaba exento el ambiente que se respiraba también en los círculos científicos internacionales, tuviera clara conciencia de que estaba destapando la caja de Pandora y que las grandes discusiones no estarían «siempre inspiradas en al amor a la verdad». A tenor de cómo se desarrollaron los acontecimientos en los años siguientes, sus afirmaciones de aquel día en el Instituto Provincial de Santander resultaron casi proféticas.

La visita de Vilanova y Piera a Santander, más allá de la expectación que levantó y del revuelo que provocaron sus conferencias, tuvo otra consecuencia importante.

Elevó una petición al Ministerio de Fomento para que la cueva pudiera ser convenientemente iluminada[13] y para que que se la dotase de los elementos necesarios para hacer más asequibles las visitas del público. Solicitó igualmente que se compensase con algunas ayudas económicas a los entusiastas prehistoriadores santanderinos para que pudieran continuar con su meritoria labor.

Por otro lado, al reconocimiento de las pinturas de Altamira, como una excepcional muestra de arte prehistórico por una personalidad como la de Vilanova y Piera, se sumó el hecho de que el catedrático de la Universidad Central llevaría noticia de su existencia, y el folleto que Sanz de Sautuola acababa de publicar, al Congreso de Lisboa que iba a celebrarse entre los días 19 y 29 de septiembre. En la capital lusitana iban a darse cita algunos de los más importantes prehistoriadores europeos,

13. Por lo que respecta a la iluminación de la cueva sabemos que a los pocos días se hizo una experiencia con carácter provisional. Se la dotó de iluminación eléctrica gracias a una iniciativa de don José Escalante, catedrático del Instituto Provincial de Santander, lo que permitió obtener las primeras fotografías de las pinturas.

como eran Émile Cartailhac, Louis Lartet, Henri Martin o Gabriel de Mortillet. Se trataba de la flor y nata de la geología, la paleontología y la prehistoria francesa, junto a los que estarían prehistoriadores y paleontólogos portugueses, británicos, italianos...

Sin duda, el Congreso de Lisboa era en aquel momento el mejor de los escaparates para poner de largo las pinturas de Altamira. Era la ocasión para que le llegara el reconocimiento internacional, aunque el catedrático de paleontología era consciente de que la novedad del descubrimiento era un obstáculo y tendría que esforzarse para entusiasmar a sus colegas.

Para su presentación en el congreso lisboeta se llevaba una serie de dibujos que reflejaban lo que había en la bóveda del Altamira con el propósito de dar mayor fuerza a su exposición. Era consciente de que la presentación de aquella manada de animales, algunos de ellos desaparecidos de la fauna europea hacía muchos siglos, representados con un realismo que impresionaba, en un encuentro de aquellas características, podía significar su reconocimiento a nivel internacional.

Sin embargo, los acontecimientos se desarrollaron de forma muy diferente a como esperaban Vilanova y Piera y Sanz de Sautuola, que en Santander aguardaba ansioso las noticias de Lisboa. Los malos augurios, que a modo de vaticinio, había lanzado el profesor en su conferencia en el Instituto Provincial acerca de las polémicas que se plantearían, se materializaron de la peor forma posible.

CAPÍTULO XII

EL FIASCO DE LISBOA

En Lisboa los lusitanos habían preparado el Congreso de Antropología y Arqueología Prehistórica con sumo cuidado. El hecho de habérseles encomendado la organización de un evento de tal importancia era una forma de reconocimiento a su trabajo. Los congresos, que tenían como objetivo presentar las novedades más importantes en el campo de la arqueología prehistórica, se habían celebrado por primera vez en el año 1866, en Neuchâtel (Suiza), lugar donde se encontraba uno de los yacimientos prehistóricos más importantes de Europa. Al año siguiente se celebró en París, donde por primera vez acudió una representación española. En años sucesivos los prehistoriadores europeos se dieron cita en el Reino Unido, Dinamarca, Italia, Bélgica o Suecia.

Estos congresos se fueron organizando con periodicidad anual —en 1870 no hubo con motivo de la guerra franco-prusiana— y a partir de 1872 se decidió que su periodicidad fuera bianual, aunque antes de la reunión de Lisboa llevaban cuatro años sin celebrarse por lo que la expectación era notable.

El rey de Portugal, Luis I, acompañado de su padre, Fernando de Sajonia Coburgo, cuyo nombre se había barajado una década antes como candidato al trono para la corona española cuando el general Juan Prim buscaba un rey para España, inauguraba el congreso en la Biblioteca de la Real Academia de Ciencias. La apertura corrió a cargo de João de Andrade Corvo, ministro de Asuntos Exteriores y hombre culto e interesado por las ciencias de la naturaleza.

El de Lisboa era el noveno de aquellos encuentros internacionales, considerados como la reunión más importante que celebraban los prehistoriadores europeos. Se trataba de citas del más alto nivel y en ellos se encontraban las personalidades más eminentes en el campo de la geología, la paleontología, la arqueología y la antropología, lo que, en cierto modo, permitía reunir a los más reputados prehistoriadores. Allí se exponían novedades, las hipótesis que se derivaban de ellas y las consecuencias que podían extraerse.

Vilanova y Piera era un asiduo a estos congresos. En París, como ya se ha comentado anteriormente, presentó los resultados de las excavaciones que había realizado en diferentes cuevas de la zona del levante español. Pero a partir del congreso de Copenhague sus intervenciones fueron en la línea de presentar un resumen de los progresos de la prehistoria en España y las principales novedades que se habían producido en el campo de la arqueología prehistórica en nuestro país. Su presencia servía también para que en España se conocieran los avances y novedades, ya que realizaba una síntesis de las intervenciones hechas por los participantes de otros países, que redactaba para el gobierno y al mismo tiempo le servían como material para impartir conferencias. Esa presencia en los foros internacionales le había granjeado un reconocimiento entre los naturalistas europeos que lo consideraban la personalidad científica más cualificada que en este terreno había en España.

En Lisboa presentó una ponencia, bajo el título *Del cobre y del bronce en España*, en la que defendió la existencia de una etapa con entidad propia caracterizada por la existencia de instrumentos de cobre, que se había desarrollado con anterioridad a la del bronce y que tenía características singulares. Eran las conclusiones a las que había llegado tras sus excavaciones en el yacimiento de Bolbaite-Ereta del Pedregal, en el pueblo valenciano de Navarrés. Pero esa exposición sobre una Edad del Cobre era su proyecto inicial; las pinturas que Sanz de Sautuola había descubierto en la cueva de Altamira le llevaron también a dar cuenta de ese hallazgo, como una novedad extraordinaria.

Lo que Vilanova y Piera iba a dar a conocer en Lisboa a la comunidad científica internacional no era únicamente una novedad llamativa. Las pinturas de la bóveda de Altamira suponían una convulsión para todas las hipótesis que hasta entonces se habían barajado en relación con el hombre prehistórico y sus actividades. Como ya había advertido en la conferencia que pronunció en el Instituto Provincial de Santander, tenía ante sí una dura tarea.

En estos años, en que la prehistoria buscaba hacerse con un hueco como disciplina en las aulas universitarias, quienes la cultivaban con un propósito que iba más allá de una afición y trataban de que le fueran abiertas las puertas del mundo académico, se mostraban extremadamente cautos y recelosos ante hallazgos que significaban cambios radicales en los planteamientos admitidos hasta aquel momento. Eran conscientes de que un mal paso, aceptando como válidos hallazgos que podían ser un fraude, fruto de elaboradas falsificaciones, significaba darles argumentos a quienes denostaban la prehistoria, y al mismo tiempo echar por tierra años de esfuerzos y trabajos. En definitiva, significaba retroceder en sus expectativas académicas.

Sabían que quienes se oponían a dar a la prehistoria el placet para convertirse en una ciencia y se negaban, en la mayor parte de los casos por razones puramente ideológicas, a que recibiera los honores de entrar en el cerrado mundo universitario, utilizarían esos fraudes como un arma arrojadiza. No estaban dispuestos a admitir hallazgos que por su propia naturaleza levantasen suspicacias y significasen modificar sustancialmente el marco en el que se situaba el conocimiento alcanzado hasta aquel momento. Esos planteamientos no jugaban, precisamente, a favor de lo que Vilanova y Piera iba a exponer en Lisboa. Admitir como obra del hombre prehistórico las pinturas de Altamira significaba echar por tierra una parte importante de las hipótesis trabajosamente construidas durante décadas.

Algunos de los asistentes a Lisboa estaban en vísperas de cruzar el umbral de la universidad. Era el caso de Émile Cartailhac quien, pese a su juventud –contaba entonces sólo treinta y cinco años—, era ya uno de los más prestigiosos prehistoriadores franceses. Dirigía la revista *Matériaux pour l'histoire primitive et naturelle de l'homme* desde hacía una década e iba a recibir el encargo de la primera cátedra de Arqueología Prehistórica, que estaba a punto de crearse en la universidad de Toulouse. Admitir que las pinturas de Altamira eran obra del hombre prehistórico suponía una temeridad. Cualquier resbalón podía echar por tierra sus expectativas académicas.

Lo resbaladizo del terreno en que se desenvolvía la prehistoria, hacía que en aquellos encuentros latiera un cierto reparo ante las novedades. El escepticismo era la nota dominante ante los hallazgos que daban pie a la formulación de hipótesis demasiado arriesgadas. Incluso existía el temor de que en algún caso, más allá de una falsificación con fines crematísticos, pudiera tratarse de añagazas, de trampas preparadas por grupos de integristas con el único propósito de desacreditar todo lo relacionado con la prehistoria y su mundo.

No hay duda acerca de que en el congreso de Lisboa jugó un papel no desdeñable, en contra de los planteamientos de Vilanova y Piera, el temor a que la aceptación de las pinturas de Altamira perjudicara el carácter científico de la prehistoria. Aceptar como una obra del hombre prehistórico los animales representados en aquella bóveda era algo tan increíble, que daría argumentos a quienes consideraban que la prehistoria sólo era un instrumento perverso que utilizaban los laicos para atacar la fe y en el mejor de los casos una afición estrafalaria en la que encontraba cabida cualquier planteamiento por muy extravagante que fuera.

El reto que tenía por delante el profesor español era, pues, muy complicado. Cuando dio a conocer a sus colegas la existencia de las pinturas y su condición de obra del hombre prehistórico recibió algo más que escepticismo y una fría acogida. «... Cuando mostró los dibujos de algunas de las pinturas de la cueva, el descrédito reinante se hizo palpable. Cartailhac, la figura más respetada de la arqueología prehistórica, abandonó deliberada y notoriamente la conferencia sin hacer esfuerzo alguno por ocultar su repugnancia.»[1]

Conocemos hoy algunos detalles más sobre ciertos entresijos, además del miedo a asumir una propuesta como la que había Vilanova y Piera, de lo ocurrido en el congreso de Lisboa y que ayudan a explicar el gesto de soberbia y la displicente actitud de Cartilhac hacia el profesor español.

Gabriel de Mortillet, otro de los más renombrados prehistoriadores franceses, había advertido a su compatriota de que tenía noticias acerca de la existencia de ciertas maniobras con el propósito de desprestigiar el trabajo de los antropólogos y los prehistoriadores. Estaban siendo orquestadas para dejarlos en ridículo. En concreto, había comentado a Cartailhac que se había puesto en marcha una especie de complot clerical, urdido por los jesuitas españoles. El centro de esta maquinación de la Compañía de Jesús se encontraba en la localidad cántabra de Comillas, muy cercana a Santillana del Mar y por lo tanto a Altamira. En Comillas, los jesuitas tenían uno de sus centros docentes más importantes. El objetivo del complot era poner de manifiesto la falta de rigor con que actuaban los prehistoriadores y dejar malparado el carácter científico de la prehistoria. Los jesuitas, según las informaciones de que decía disponer Mortillet, rechazaban todo lo relacionado con los ámbitos científicos donde se hiciera defensa de las tesis del evolucionismo. El ataque a la prehistoria era una

1. Gregory Curtis: *Los pintores de las cavernas,* Turner, Madrid, 2009.

consecuencia directa de que muchos de los defensores de los planteamientos darwinistas eran prehistoriadores.

Existe un testimonio escrito de los temores albergados por Mortillet. Se trata de una carta en la que decía a su colega: «No te fíes, amigo, es una trampa que nos tienden los jesuitas a los prehistoriadores para reírse de nosotros».

En las sospechas de Gabriel de Mortillet los hechos encajaban como las piezas de un rompecabezas. Comillas estaba cerca de Santillana del Mar lo que les había permitido tener acceso a la cueva de Altamira. Tanto Sanz de Sautuola como Vilanova y Piera eran conocidos por su vinculación a posturas ideológicas ligadas al conservadurismo. Ambos eran católicos y defensores de hacer compatible la existencia de una humanidad prehistórica con el contenido del relato bíblico. Sanz de Sautuola y Vilanova y Piera serían, aunque Mortillet no llega a decirlo, agentes de los jesuitas o en el mejor de los casos habían sido utilizados por éstos para llevar a cabo su operación de desprestigio.

Posiblemente las suspicacias de Mortillet no fueron el argumento más importante para explicar el rechazo con que fue acogida la presentación de las pinturas de Altamira en Lisboa, pero sin duda fue un elemento a tener en cuenta. No podemos olvidar que la lucha sostenida por creacionistas y evolucionistas en estos momentos se libraba con una dureza extraordinaria y que el clero español era de los más refractarios a admitir los nuevos planteamientos que se abrían paso sobre el origen de las especies animales y del hombre.

En cualquier caso, lo que determinó el fiasco de Altamira en Lisboa fue, aunque pueda parecer increíble, la extraordinaria calidad de las pinturas de la cueva de Santillana del Mar. Los animales que había representados en su bóveda eran de una belleza y una perfección que no encajaba en el nivel de conocimientos que sobre el hombre primitivo se poseían a la altura de 1880. Podemos decir que Altamira fue un hallazgo prematuro y que los bisontes y demás animales pintados en su bóveda no encajaban en las tesis que hasta aquel momento se tenían sobre las actividades de la humanidad prehistórica.

Aceptar como una obra de la prehistoria el hallazgo de Sanz de Sautuola era tanto como dar un salto en el vacío. No podían ser la obra de un hombre cuya vida transcurría en un ambiente tan primitivo que se entendía como salvaje y de horizontes culturales muy restringidos. Sencillamente, resultaba «imposible» admitir la existencia de un artista que revelaba unas condiciones excepcionales. El hombre primitivo tal y como se concebía por aquellas fechas no tenía capacidad para llevar a cabo una obra tan bella, como ya se ha comentado. Los defensores del evolucionismo consideraban que la capacidad intelectual de los hombres en sus primeros estadios de evolución era muy pequeña y, en consecuencia, eran incapaces de ejecutar obras como las que Vilanova y Piera presentaba en el congreso.

Esa imagen de primitivismo y limitación era la que Émile Cartailhac tenía del hombre prehistórico y era la que había reflejado en los textos que había publicado hasta aquel momento. Admitir aquellas pinturas como prehistóricas, como era la pretensión del profesor español, echaba por tierra los planteamientos que había sostenido hasta entonces.

La gran pregunta que sobrevoló el congreso de Lisboa, donde Vilanova y Piera se había convertido en foco de atención, era muy simple: ¿cómo podía explicarse que un salvaje, cuya capacidad intelectual era muy limitada, pudiera ejecutar una obra como la que mostraba el paleontólogo español en sus dibujos? La respuesta a esa pregunta solamente podía ser una: «Imposible».

Admitir que las pinturas de Altamira habían sido realizadas por el hombre prehistórico significaba que el modelo de hombre primitivo defendido por los prehistoriadores se venía abajo estrepitosamente. Suponía replantearse de nuevo todo el edificio científico construido lentamente durante las décadas anteriores.

Se admitía que hiciera chocar una piedra con otra y de esa forma pudiera hacer saltar lascas de un núcleo de sílex al golpearlo con una piedra más dura. También era posible que en su estado primitivo tallase esos núcleos o trabajase esas lascas de forma rudimentaria y le permitiera utilizarlo como instrumental para sus actividades, que no pasaban de ser elementales. Incluso se admitía que en algunos huesos o astas de animales, esos seres primitivos hubieran realizado determinados grabados. Podrían hacerlo utilizando un objeto punzante para representar, también de forma tosca y grosera, algún animal de los que componían la fauna de su tiempo. Todas esas acciones a las que se les suponía capacidad para llevarlas a cabo estaban muy alejadas de los dibujos que mostraba Vilanova y Piera. Admitir aquellas pinturas obligaba a aceptar una realidad mucho más compleja.

Con una cronología todavía muy dudosa sobre la antigüedad del hombre —recuérdese que Charles Lyell, después de conocer los hallazgos de Boucher de Perthes, ya mediado el siglo, había afirmado que la antigüedad de la presencia del hombre en la Tierra podía remontarse incluso a los cien mil años—, el descubrimiento de Sanz de Sautuola venía a señalar que el hombre desde los primeros estadios de su aparición estaba dotado de unas capacidades muy superiores a las que los evolucionistas le adjudicaban.

Eso podía ser interpretado como un refuerzo a los defensores de las tesis creacionistas, quienes sostenían que el hombre había sido creado a imagen y semejanza de Dios y, por lo tanto, dotado de una inteligencia racional desarrollada desde el momento mismo de su creación. Esa cuestión no era un asunto menor y menos aún en un ambiente como el de la época, dado que encajaba perfectamente con los planteamientos defendidos tanto por Sanz de Sautuola como por Vilanova y Piera. Pero también en los de Gabriel de Mortillet cuando advertía de sus sospechas de que todo aquello era un montaje, urdido para desacreditar a los prehistoriadores. Altamira era un ardid que había sido cuidadosamente elaborado por quienes habían urdido el complot contra la prehistoria.

Como muchas otras genialidades del ser humano, el problema principal al que hubieron de enfrentarse durante bastantes años, las pinturas de la bóveda de Altamira era su temprano descubrimiento, ya que en una fecha como 1880 suponían una gran contradicción respecto de la teoría evolucionista que, pese al rechazo social que concitaba, ya se había abierto paso en los círculos científicos más importantes de la arqueología prehistórica.

Como certeramente señalara, hace ya algunos años, el prehistoriador alemán Herbert Kühn al afirmar que «el credo del devenir acababa de triunfar sobre el credo de lo estático… Y la base de esta teoría es el concepto de que lo primero tiene que ser lo más sencillo y todo

Inquieto, activo y deseoso de que en la sociedad calaran las ideas de progreso, en el perfil de Marcelino Sanz de Sautuola se aúnan elementos del espíritu práctico propio de la burguesía comercial con una gran afición a buscar los orígenes de la actividad humana en su tierra natal. Pero su interés por la prehistoria lo llevó más allá de lo que podemos catalogar como mera afición.

La pequeña María Justina fue quien se fijó en los dibujos que había en la bóveda de la cueva. Su presencia se debió a un hecho fortuito. El que fuera una niña, con la estatura propia de quien aún no ha cumplido nueve años, le permitió moverse en el interior de la cueva con más agilidad que su padre.

El autor o autores de Altamira habían hecho gala de un realismo impresionante: el trazo del dibujo revelaba que se trataba de un gran artista. Había utilizado con maestría una gama restringida de negro, ocre y rojo de manera que daba el efecto de ser una gama cromática mucho más amplia. Sanz de Sautuola hubo de quedarse, necesariamente, estupefacto. © EFE.

Según Sanz de Sautuola, el magnífico estado de conservación que ofrecían las pinturas, que podía hacer dudar de su antigüedad, podía deberse a haber permanecido ocultas y también a la cristalización de una capa casi microscópica de cuarcita que había cubierto la bóveda con el paso de los siglos. © EFE.

Admitir que las pinturas eran obra del hombre primitivo suponía mucho más que asociarlas a la prehistoria, pues abrían un debate que abarcaba desde las limitadas capacidades otorgadas al hombre en un estadio de civilización inicial hasta la interpretación que se podía dar al hecho de la representación de los animales por parte de un hombre cazador. © EFE.

El extraordinario realismo del que el artista hacía gala, utilizando todos los recursos a su alcance —como aprovecharse de las protuberancias que ofrecía la bóveda para dar volumen a los animales o señalar con mayor precisión los ojos y la boca— indicaba que era un gran observador del mundo que le rodeaba. © Getty Images.

En cuanto Juan Vilanova y Piera conoció las pinturas, estas le produjeron un gran impacto. Al igual que Sanz de Sautuola, no albergó dudas de que se trataba de pinturas prehistóricas del paleolítico, asociadas a la etapa más antigua de la edad de piedra. Las relacionó con el material lítico y óseo del mismo lugar.

A Altamira se la ha llamado «la Capilla Sixtina del arte rupestre». Tal denominación es un acierto, pues en ambos casos se trata de obras artísticas de trascendencia universal, una para el arte del Renacimiento y otra para el arte prehistórico. © Getty Images.

BREVES APUNTES

SOBRE

ALGUNOS OBJETOS PREHISTÓRICOS

DE LA

PROVINCIA DE SANTANDER,

por

DON MARCELINO S. DE SAUTUOLA,

C. de la Real Academia de la Historia.

SANTANDER. 1880.

Imp. y lit. de Telesforo Martinez,

BLANCA, 40.

La publicación de los *Breves apuntes sobre algunos objetos prehistóricos de la provincia de Santander* en 1880 se produjo en un ambiente muy poco propicio a asumir novedades en el campo de una ciencia que se encontraba todavía en mantillas y que despertaba un rechazo frontal en los ambientes más conservadores. Si a ello sumamos que las pinturas de Altamira revestían un carácter revolucionario, nos explicamos las reticencias con que fue acogido.
Portada del libro y dibujos de la bóveda principal de la cueva de Altamira. © Fotografías publicadas bajo la licencia de dominio público; la primera es copia impresa y digitalizada en posesión del Ateneu Barcelonès.

La imagen de primitivismo y limitación era la que Émile Cartailhac tenía del hombre prehistórico. Admitir aquellas pinturas como prehistóricas echaba por tierra los planteamientos que había sostenido hasta entonces. Pero dos décadas más tarde, a Cartailhac no le quedó más remedio que dar marcha atrás y asumir que las pinturas rupestres asociadas al paleolítico no eran solamente un «asunto español». © «The last photograph of Cartailhac», tomada por Chevalier, mayo de 1921, Library and Documentation Service Museum of Toulouse.

Gabriel de Mortillet, otro prestigioso prehistoriador francés, mantuvo desde el principio que las pinturas de Altamira eran una farsa cuidadosamente elaborada para desacreditar a los prehistoriadores.

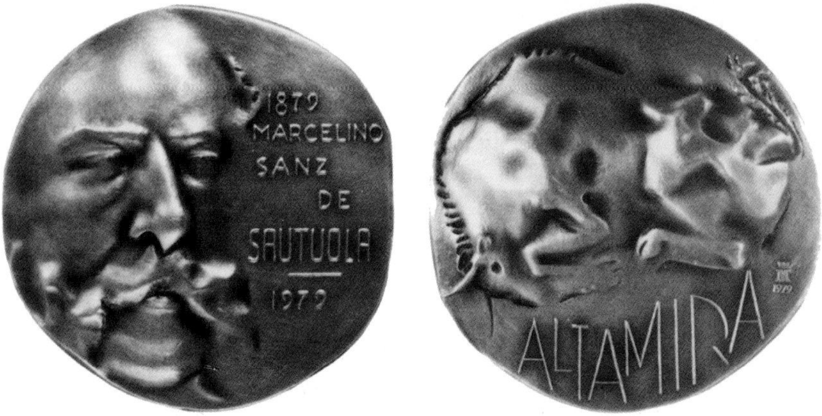

Medalla del centenario del descubrimiento de Altamira, obra de Manuel Ferrerio. En el anverso aparece el retrato de Marcelino Sanz de Sautuola y en el reverso uno de los bisontes de la Gran Sala. © EFE.

Convencidos de que Altamira no podía ser la única cueva con pinturas prehistóricas, un puñado de pioneros emprendió en 1902 una búsqueda por Cantabria que acabó sentando las bases de toda una ciencia y legó para la posteridad grutas que hoy son Patrimonio de la Humanidad. En la imagen, tomada en 1909, puede verse al abate Henri Breuil (con sotana) en una de sus visitas a Cantabria. También a Hermilio Alcalde del Río (quinto por la izquierda), aficionado a la prehistoria y, sentado a la derecha, al príncipe Alberto I de Mónaco, que ejerció un importante mecenazgo impulsando las investigaciones prehistóricas. © EFE/ Instituto de Paleontología Humana de París.

Vista general del grupo escultórico dedicado al descubrimiento de la cueva de Altamira, obra realizada por el escultor vasco Agustín Herranz. © EFE.

lo más avanzado, lo complejo, ha de ser posterior. Si las obras encontradas —se refiere a las pinturas de Altamira— hubieran sido primitivas, deformes y lamentables, nadie habría pensado en contraponerlas a la teoría de la evolución... pero se trataba de un arte refinado y perfecto, de un arte que puede compararse con el de la propia época, con el de Manet y Monet. Esta intuición impresionista y natural de los pintores de Altamira, este movimiento, este trazo previsto de las líneas entre luces y sombras y en las partes del cuerpo que queda en primer plano o detrás: todo esto que el arte de la segunda mitad del siglo XIX acababa de conquistar a costa de tanto esfuerzo, de tan grandes luchas internas contra los viejos preceptos impuestos por las Academias ¿lo habría podido concebir y dominar el troglodita, el primitivo cavernícola que ni siquiera conoció el arado?[2]

En *El origen del hombre,* Darwin había dejado un retrato del hombre prehistórico que lo presentaba en un estadio de civilización muy primario: completamente desnudo, con el cuerpo cubierto de pelo, pintarrajeado, con el caballo largo y enmarañado, con una expresión salvaje y desconfiada, y desde luego, incapacitado para desarrollar alguna creación artística.

En definitiva, lo que ocurrió en Lisboa, más allá de las sospechas conspirativas de Mortillet, fue todo lo que se derivaba de los dibujos presentados por Vilanova y Piera. Fue, curiosamente, la calidad excepcional de aquellas figuras la que se convirtió en su peor enemigo. Su belleza extraordinaria fue el principal obstáculo para su credibilidad. No era posible que los cavernícolas de Cantabria, cuya imagen distaba muy poco de la de los

2 Herbert Kühn: *El arte de la época glacial.*, México, 1971, página 126.

simios, fueran capaces de realizar una maravilla como la que mostraban.

Sin duda el trato que se le dispensaron a las pinturas resultó doloroso para Vilanova y Piera; sobre todo la actitud displicente de Cartailhac abandonando la sala mientras realizaba su exposición. Pero el paleontólogo español no se arredró. Estaba convencido de que se trataba de una obra de lo que él denominaba la «Edad del Reno». Argumentó contra el escepticismo que no se podía opinar sobre las pinturas sin contemplarlas in situ. No era admisible el rechazo que recibían sin haberlas visto más que a través de los dibujos que había llevado a Lisboa. El fiasco que supuso Lisboa para las ilusiones que tenían depositadas Vilanova y Sanz de Sautuola sólo era la primera página de un calvario que no había hecho más que comenzar.

CAPÍTULO XIII

CONSECUENCIAS DEL RECHAZO Y EL INFORME HARLÉ

En Lisboa primó el escepticismo. Cartailhac no se pronunció oficialmente, pero su gesto de abandonar la sala donde Vilanova y Piera las presentaba era una forma despectiva de mostrar su disconformidad. Pero el desdén y el frío escepticismo con que acogieron el hallazgo fue algo muy duro. Para el catedrático español debió resultar incluso más doloroso que si allí se hubiera desatado la polémica y hubiera tenido que hacer frente a los ataques.

En Lisboa se produjo un hecho que se sumaba al desdén y al escepticismo. Vilanova y Piera realizó una invitación a los congresistas para que visitasen Santillana del Mar. Ésa era la gran baza que el profesor español esperaba utilizar como argumento final en defensa de las pinturas. Estaba convencido de que los prehistoriadores europeos superarían su escepticismo cuando las vieran in situ. El paleontólogo español podía comprender que mostrando unos dibujos, que eran un pálido reflejo de lo que realmente eran las pinturas que podían verse en la bóveda, la acogida fuera recibida con la frialdad que le habían dispensado, pero albergaba la esperanza de que sus colegas quedaran convencidos de su autenticidad y su valor cuando vieran el original. Confiaba en que su escepticismo se convertiría en entusiasmo cuando visitaran la caverna y comprobaran que las pinturas estaban asociadas a unos restos óseos y a un material lítico acerca del cual no cabían dudas de que correspondía a la etapa paleolítica. Sin embargo, se encontró con un rechazo generalizado. Nadie tenía interés por viajar a Santillana del Mar y echar una mirada a las pinturas.

Años más tarde, Vilanova y Piera se referiría de forma comedida a la respuesta que encontró su invitación, pero en la que se puede deducir un deje de amargura: «se dirigió una atenta invitación a los congresistas que quisieran hacer el viaje hasta Santander, invitación que no pudo aceptarse por razones que debo reservar».[1]

El ayuntamiento de Santillana del Mar, consciente de la importancia del hallazgo, se mostraba dispuesto a acoger y agasajar a los ilustres visitantes. Pero nadie quiso acercarse a Cantabria. El rechazo a la invitación tenía mucho de desprecio. Era como si la simple visita a Altamira pudiera comprometerles. Como si ver las pinturas significara su aceptación. Resultaba evidente que nadie quería comprometerse. Vilanova y Piera debió de sentir el peso del riesgo que había asumido y que tomaba la forma de un vacío que señalaba el entredicho en que había quedado ante la comunidad científica europea. Se

1. Juan Vilanova y Piera: *Los dibujos y pinturas de la Cueva de Santillana*, Actas de la Sociedad Española de Historia Natural, sesión del 3 de noviembre de 1886.

valieron de las excusas más peregrinas para rechazar la invitación. Algunos de los congresistas franceses señalaron que ya tenían trazado del viaje de vuelta a su país por un itinerario distinto y varios más se excusaron diciendo que tenían previsto de antemano acercarse a algunos yacimientos prehistóricos del sur y el este peninsulares, donde se habían producido algunos hallazgos relevantes. En definitiva, excusas para no ir. Hubo quien llegó a decir que sus planes de viaje no pasaban por regresar a su patria por el camino más corto, que era viajar hacia el norte y no estaban dispuestos a modificarlos por los dibujos que Vilanova y Piera les había mostrado. Hubo quien alegó la existencia de compromisos contraídos con anterioridad y acercarse a Santillana del Mar supondría un retraso que le llevaría a incumplirlos. Cualquier argumento era bueno para no aceptar una visita que consideraban, en el mejor de los casos, una lamentable pérdida de tiempo.

Tenemos el testimonio del propio Vilanova y Piera en el que se recoge el ambiente que le rodeó en aquel momento:

> Con motivo de esta verdadera y extraña novedad, que ha originado ya y serviré aún de pretexto para serios debates, se dirigió una atenta invitación a los congresistas que quisieran hacer el viaje hasta Santander; invitación que no pudo aceptarse por razones que debo reservar y también porque la mayor parte de los extranjeros que habían acudido a Lisboa, habían tomado en París billetes de circulación para la Península que les obligaba a seguir un de-

> terminado itinerario, que no era por cierto hacia el Norte, sino más bien hacia Andalucía y Valencia.[2]

La existencia de las pinturas y la hipótesis de que se trataba de obras ejecutadas por artistas de la etapa del final del Paleolítico, que el propio Vilanova y Piera había bautizado como Mesolítico, había cosechado un fracaso. No había contado con el apoyo de los científicos reunidos en Lisboa, pero no pasó de ahí. Con todo, las consecuencias que se derivaban de ello eran un mazazo a las ilusiones de quienes defendían que las pinturas de Altamira eran obra del hombre prehistórico. Lisboa fue para Vilanova y Piera una experiencia muy amarga. La polémica era algo con lo que al catedrático español contaba y estaba dispuesto a afrontarla, pero la frialdad que dispensaron a las pinturas de Altamira llevaba implícita la desacreditación.

Después de todo lo ocurrido parecía evidente que las primeras muestras de arte parietal prehistórico encontradas en Europa estaban condenadas a la ignominia científica y al olvido. Podemos fácilmente imaginarnos cuál era el estado de ánimo de Vilanova y Piera cuando emprendió el viaje de regreso a España. Para una personalidad que gozaba del reconocimiento científico de sus colegas, aquel rechazo, revestido de escepticismo, suponía un duro golpe a su imagen como científico. Sólo su tenacidad y la de Sanz de Sautuola, unida al desarrollo de una serie de acontecimientos posteriores, hizo que el asunto de las pinturas de Altamira se mantuviera vivo y no cayeran en el olvido.

El 5 de octubre, pocos días después de haber concluido el congreso de Lisboa, el prehistoriador francés

2. *Ibidem.*

Henri Martin escribía una carta a Sanz de Sautuola manifestándole su impresión favorable a las pinturas.

Además de presentarle sus disculpas por no haber podido viajar a Santillana del Mar, rechazaba que las pinturas fueran un fraude.

> Parece muy poco probable que la gente de la Edad Media o Moderna haya inventado dichas pinturas. ¿Quién le hubiera sugerido la idea, no conociendo el bisonte en Europa, tantos siglos hace desaparecido de España y Francia? Y si estas representaciones son antiguas ¿a quién atribuirlas? Ciertamente no puede ser a los celtas, no encontrándose nada análogo en los dólmenes ni en los demás monumentos de aquel antiguo pueblo.
>
> Por el contrario, hay en los dibujos ciertas analogías con los trazados sobre piedras y huesos, con puntas de sílex, por los hombres de la última edad de las cavernas, según se observa en algunas partes de Francia meridional y Suiza.
>
> Diríase, pues, que fueron los mismos hombres los que dibujaron las figuras de Santander pero habiendo dado un paso más en el arte. Parece también que las combinaciones de líneas de ornamentación que presenta una de las láminas, se aproxima mucho a ciertos dibujos del hombre de las cavernas.[3]

3 La carta se publicó en *El Eco de la Montaña* del 30 de octubre de 1880 y está recogida por Benito Madariaga de la Campa en Marcelino Sanz de Sautuola. *Escritos y Documentos.* página 48. Cifr. en Alfredo Mederos Martín: *Análisis de una decadencia. La arqueología española del siglo XIX II. La crisis de la Restauración (1868-1875)* en Cuadernos de Prehistoria y Arqueología de la Universidad Autónoma de Madrid, Madrid, 2014, página 154.

Indicaba que había encontrado en algunas cuevas de su país manifestaciones de arte parietal. Añadía que, si bien los dibujos que se habían presentado sobre las pinturas de Altamira eran de una calidad y una perfección mucho mayor que lo que él había encontrado, no era un desatino el que se estableciera algún tipo relación entre unas y otras.

La actitud que revela una carta como la que Henri Martin escribió a Sanz de Sautuola es algo que realza y dignifica aún más el riesgo que suponía la decisión del profesor español de afrontar públicamente la defensa de las pinturas de Altamira. Vilanova y Piera puso por delante la honestidad científica a otras consideraciones de prestigio y crédito intelectual que, además, le hubieran ahorrado numerosos sinsabores. Otro tanto ocurrió con Sanz de Sautuola al cernirse sobre su persona la sombra de la duda y la sospecha de que podía ser un falsificador. La presencia de Paul Ratier en su casa de Puente de San Miguel, sus entradas en la cueva que no pasaron desapercibidas, incluso el hecho de que fuera sordomudo, jugaron en su contra y alimentaron los comentarios y rumores de los malintencionados. Pese al rechazo con que se encontraron las pinturas que había descubierto, siguió defendiendo su autenticidad y haciendo frente a las insidias de algunos.

Antes de que terminase 1880, el 5 de diciembre, era el propio Cartailhac quien escribía una carta a Sanz de Sautuola. El francés, cuya actitud en Lisboa tanto había dañado el nombre de Altamira, le escribía en respuesta al envío que el descubridor de las pinturas le había hecho de un ejemplar de sus *Breves apuntes sobre algunos objetos prehistóricos de la provincia de Santander.* El prehistoriador francés se mostraba atento, le agradecía el folleto y le animaba a continuar con sus trabajos en las cuevas de la región. Incluso dedicaba unos elogiosos comentarios sobre el material lítico del que se hablaba en aquellas páginas. Hizo una referencia a las pinturas para dejar caer algunas dudas señalando que el auroch —nombre con que se conoce a una especie de toro salvaje que se había extinguido de la fauna europea y al que se conoce también con el nombre de uro— que se veía reproducido en las pinturas no coincidía con el auroch del cuaternario, ya que los cuernos no eran como aparecen reproducidos en las pinturas.[4] En su carta prestó casi toda la atención al utillaje óseo y de sílex, y guardó un significativo silencio sobre las pinturas.

Ante ese silencio resulta llamativo que pocas semanas después de escribir esta carta, en febrero de 1881, apareciera por Santander Édouard Harlé, que era presidente de la Societé d'Histoire Naturelle de Toulouse. Harlé era ingeniero de ferrocarriles, pero sentía una gran atracción por el mundo de la prehistoria, que se había convertido en su principal afición. Viajaba a Santander para visitar Altamira con la finalidad de inspeccionar detenidamente la cueva y elaborar un detallado informe de lo que allí había. La finalidad última de la presencia de Harlé en Santander resulta un tanto misteriosa y, desde luego, muy significativa. Albergamos pocas dudas de que detrás de ella estaba Émile Cartailhac y, posiblemente, sería indicativa de que, pese a la actitud displicente que había mostrado en Lisboa, alguna clase de duda debía de anidar en su ánimo.

4. La carta de Cartailhac a Sanz de Sautuola fue reproducida por *El Eco de la Montaña* en su número del 30 de diciembre de 1880. Cfr. en Miguel Ángel García Guinea: *Altamira y otras cuevas de Cantabria.* Madrid, 2004 páginas 41-42.

Harlé visitó la cueva acompañado de Sanz de Sautuola y de Pérez del Molino y allí recogió algunas muestras de materiales, realizó numerosos dibujos de las pinturas y no sabemos, si lo hizo por corrección o por no enfrentarse a sus anfitriones, afirmó que la importancia de las pinturas era extraordinaria.[5]

No podemos evitar la impresión de que, después de todo lo que había ocurrido en Lisboa, Cartailhac no se olvidaba de Altamira, pero prefería no implicarse directamente y actuaba a través de un intermediario. No quería asumir ninguna clase de compromiso en aquella cuestión y prefirió enviar a alguien en quien confiaba, aunque se trataba de un aficionado. Harlé presidía una sociedad científica en la misma ciudad en la que él daba clase en su universidad. Desplazarse personalmente a Santander podía ser interpretado como una marcha atrás en sus planteamientos, en vísperas de que se crease para él una cátedra de prehistoria en la universidad.

Es muy probable que la visita estuviera relacionada con el principal argumento esgrimido por Vilanova y Piera en Lisboa para oponerse a quienes cuestionaban el carácter prehistórico de las pinturas, cuando el profesor español afirmaba que no podía rechazarse su autenticidad ni podían sostenerse argumentos con un mínimo de solidez científica sin haber visitado la cueva. Pronunciarse sólo sobre unos dibujos carecía de la seriedad que debía exigírsele a un planteamiento riguroso.

Realizado su trabajo, Harlé se marchó de Santander pero no debió dejar completada su misión o los datos con que regresó a Toulouse no debieron resultar definitivos a los ojos de Cartailhac. Eso explica que algunas

5. Cifr. en Benito Madariaga de la Campa: *Marcelino Sanz de Sautuola. Escritos y Documentos*, páginas 256 y 257.

semanas después de esta primera visita, en el mes de abril, regresara de nuevo y entrara otra vez en la cueva para completar ciertos detalles y aclarar algunas dudas que habían surgido.

¿Dudas de Cartailhac?

En esta segunda visita afirmó haber encontrado un detalle sumamente importante. Se trataba de la existencia de una leve, pero suficiente, capa de concreciones calizas sobre las pinturas, que venía a reforzar su opinión sobre la gran antigüedad de las pinturas.[6] Sin embargo, a pesar de estas declaraciones, el informe que finalmente redactó Édouard Harlé sobre las pinturas fue devastador. Lo publicó en *Matériaux pour l'Histoire Naturelle et Primitive de l'Homme*, la revista que dirigía Cartailhac.

En todo lo referente a los restos de la fauna, tanto terrestre como marítima, encontrada en la cueva por el propio Harlé, que fue clasificada por expertos en la materia, así como los utensilios de sílex, el ingeniero francés no albergaba dudas y afirmaba que podían encuadrarse cronológicamente en el periodo magdaleniense, es decir en los estadios finales del Paleolítico. Pero en lo concerniente a las pinturas afirmaba, después de una larga exposición, que quedaba demostrado que se trataba de unas bellas pinturas, pero que su factura denunciaba que eran obra reciente, realizada por un pintor moderno.

Todo apunta a que las declaraciones favorables a las pinturas que hacía cuando estaban en Santander eran la manifestación de una actitud pícara o quizá una prueba palpable de su escasa solvencia como prehistoriador. Además de rechazar su carácter prehistórico porque la capa calcárea era demasiado fina, casi microscópica, lo que ahora esgrimía como un factor que era contrario a

6. *Ibidem*, páginas 257-258.

su antigüedad, afirmaba que lo que podía verse en la bóveda de Altamira era una burda falsificación e incluso señalaba la fecha aproximada en que se había llevado a cabo. Harlé la situaba entre 1876 y 1879. Es decir, justo entre los años en que había tenido lugar la primera exploración que Sanz de Sautuola hizo a la cueva, según señalaba el propio don Marcelino en sus *Breves apuntes...* y la fecha en que se produjo el descubrimiento de las pinturas. No sabemos porqué Harlé situó la fecha de la falsificación entre esos años porque no lo explica, pero nos parece que en la elección de dichas fechas había una clara intencionalidad: lanzar una velada acusación contra la honorabilidad de Sanz de Sautuola. Lo que el ingeniero francés daba a entender con ello, aunque en ningún momento llegó a decirlo, era que el «descubridor» de las pinturas era un tramposo que había ordenado a un pintor llevar a cabo aquella falsificación.[7]

El contenido del informe era extremadamente duro y echaba por tierra el gran argumento al que Vilanova y Piera había acudido en Lisboa para oponerse a quienes negaban la autenticidad de las pinturas: no podía rechazarse su carácter de obra prehistórica sin haber visitado Altamira. Harlé antes de lanzar su condena había visitado la cueva y lo había hecho en dos ocasiones para poder observar con todo detenimiento lo que allí había. La segunda de sus visitas fue para hacer algunas comprobaciones. Su informe podía pecar de otras cosas, pero no podía acusársele de no haber visto las pinturas.

El escepticismo de la comunidad científica se convertía de este modo en un rechazo sin paliativos. La oposición a las pinturas de Altamira era cada vez más fuerte. Todo

7. Édouard Harlé: «La grotte dÁltamira près de Santander». En *Materiaux pour l'Histoire Naturelle et Primitive de l'Homme*, XVI, 1881, páginas 88 y siguientes.

apunta a que Cartailhac deseaba dejar sin argumentos a Vilanova y Piera y reforzar la actitud que habían mantenido en Lisboa. Con el informe de Harlé era imposible conceder el más mínimo crédito a las pinturas.

El informe de Harlé tuvo otra consecuencia, hizo cambiar de opinión a Gabriel de Mortillet quien, al parecer, había rectificado su posición inicial cuando llegó a advertir a Cartailhac sobre la existencia de un complot alentado por los jesuitas para poner en ridículo la prehistoria. Mortillet había comentado a Vilanova y Piera que se podían establecer ciertas equiparaciones entre las pinturas de Cantabria y algunos rasgos de los grabados de animales en huesos y astas. Su argumento iba en la misma línea de lo defendido por Henri Martin. Pero el informe de Harlé lo llevó nuevamente a cambiar de opinión y a rechazar el carácter prehistórico de las pinturas de Altamira. En mayo de aquel año escribía a Cartailhac dejando claro su apoyo a la actitud que éste había mantenido en Lisboa. «Con sólo mirar las copias de los dibujos que me envía en sus cartas, puedo ver que se trata de una farsa; de una simple caricatura. Han sido hechas y mostradas al mundo para que todos se rían de los crédulos paleontólogos y prehistoriadores».[8]

Dos años más tarde, en 1883, en su obra *Le préhistorique: antiquité de l'homme,* Mortillet rechazaba las pinturas de Altamira, que en este momento se encontraban con una oposición frontal; con el añadido de dejar flotando la duda, aunque jamás se llegara a decirlo, de que su descubridor era un falsario.

8. Carta de Gabriel de Mortillet a Émile Cartailhac, todo apunta que en respuesta a una que Cartailhac le había enviado previamente con alguno de los dibujos realizados por Edouard Harlé en alguna de sus visitas a Altamira. Cfr, en Benito de la Campa Madariaga: *Marcelino Sanz de Sautuola. Escritos y Documentos*, página 34.

El hecho de que posiblemente Cartailhac enviara a Harlé a visitar la cueva de Altamira, el que el ingeniero francés fuera a Santander en dos ocasiones, el que Mortillet, muy crítico en un primer momento con Altamira, se aviniera después a considerar el carácter prehistórico de las pinturas, para descartarlas definitivamente tras conocer el informe de Harlé, hace que sobre dicho informe pendan algunas dudas y que nos hagamos algunas preguntas.

¿Cuál era la verdadera finalidad de la presencia de Harlé en Santander? ¿Qué razón fue la que hizo que el ingeniero francés realizara una segunda vista a la cueva? ¿Había alguna intención oculta en el informe de Harlé? Nunca tendremos una respuesta a estas preguntas.

¿Hizo reflexionar a Cartailhac sobre las pinturas el folleto que Sanz de Sautuola le envió? ¿Le produjeron cierta curiosidad los datos que aportaba en esas páginas? ¿Se arrepintió de haber desdeñado las pinturas sin verlas?

No parece probable a tenor del silencio que guardó en su respuesta, pero lo cierto es que no tenemos respuesta para estos interrogantes.

CAPÍTULO XIV

CONTINÚAN LAS VISITAS Y POLÉMICA EN ARGEL

La prensa montañesa no había dejado de reflejar en sus páginas lo ocurrido en Lisboa y había publicado las cartas que, como hemos visto, algunos prehistoriadores franceses habían escrito a Sanz de Sautuola, después de celebrado el encuentro lisboeta. La prensa también había recogido ya algún artículo a favor y en contra del carácter prehistórico de las pinturas. Eso había hecho que muchos visitaran Altamira, alentados por el morbo de un posible fraude, que estaba en boca de mucha gente. Acudían a Santillana del Mar para ver los «bichos» que había en aquella cueva. Pero no eran únicamente curiosos los que se acercaban hasta Altamira. Las pinturas objeto de controversia atrajeron a numerosas personalidades de la política, la cultura y la vida social de la época. También era un atractivo el hecho de que la polémica desencadenada por las pinturas estuviera acompañada por una disputa ideológica. En la España de aquellos años eran numerosos los círculos intelectuales en los se negaba incluso la existencia del hombre prehistórico. Se seguía defendiendo el relato bíblico como la única referencia a la antigüedad del hombre que, según todos los cálculos realizados, no iba más allá de los seis mil años.

En el verano de 1881, varios miembros de la familia real española acudieron a Santillana para hacer una visita a Altamira. Las primeras en hacerlo fueron las infantas doña Paz y doña Eulalia; esta última, casada con don Antonio de Orleans, era un espíritu inquieto y se sentía atraída por toda clase de novedades. Estuvieron en la cueva el 22 de agosto. *El Cántabro,* periódico local santanderino, se hacía eco de la visita y añadía que con motivo de la misma se iluminó la cueva con numerosos quinqués para que la infantas pudieran contemplar las pinturas en las mejores condiciones posibles: «Dentro ya de aquel templo prehistórico, único en su género, según respetables opiniones, sorprendió agradablemente hallarle iluminando profusamente con quinqués colocados en las paredes, por oportuna disposición del previsor Sr. Marqués de Casa-Mena...».[1]

El testimonio que la prensa ofrecía de la visita tiene un valor añadido, al señalar que junto a las manifestaciones de rechazo que ya hemos comentado, las pinturas también tenían valedores, cuyas opiniones eran emitidas por personas «respetables». Denominar Altamira como «templo prehistórico, único en su género» revelaba también que en ciertos círculos no sólo se valoraba

1. «SS. AA. RR. En Santillana y cueva de Altamira». *El Cántabro*, 25 de agosto de 1881, cifr. en Benito Madariaga de la Campa: op. cit., página 46.

la antigüedad prehistórica de las pinturas, sino que se tenía conciencia de su importancia excepcional.

Pocos días después de la visita de las infantas, el 13 de septiembre, quien acudió a Altamira fue el propio monarca. Alfonso XIII, que se encontraba acogido a la hospitalidad del marqués de Comillas, pasando los últimos días del verano en Santander, quiso también conocer las pinturas. Como recuerdo de la regia visita uno de sus acompañantes tuvo la ocurrencia de dejar escrito el nombre de Alfonso XIII en las paredes de la cueva. También la presencia del rey en Altamira fue recogida ampliamente por la prensa que señalaba la importancia de aquel gesto del monarca. Suponía un espaldarazo para Altamira, al menos desde un punto de vista político y social.

Las críticas vertidas y el rechazo a las pinturas no arredraron a Vilanova y Piera que seguía sosteniendo su carácter prehistórico frente a la postura cada vez más radicalizada sostenida, principalmente, por los prehistoriadores franceses. Su actitud, en medio de la marejada desencadenada, pone de manifiesto no sólo su talla como científico, sino su calidad humana. Su actitud contrastaba con la de otros prehistoriadores de renombre a quienes los argumentos esgrimidos en Lisboa por el paleontólogo español le habían parecido lo suficientemente sólidos como para ser tenidos en consideración. Ahora bien… esa defensa quedaba limitada al ámbito privado.

La valentía científica de Vilanova y Piera cobraba mayor entidad si tenemos en cuenta que el desarrollo de la prehistoria en España estaba mucho más atrasado que en otros países de Europa, donde las opiniones de los franceses eran asumidas sin discusión. El informe de

Harlé no lo amilanó. Vilanova y Piera decidió continuar con su defensa de Altamira en los congresos internacionales y se le presentó una nueva ocasión en un congreso internacional que se celebraba en Argel.

El catedrático español presentó en él una ponencia[2] en la que establecía una clara distinción en el uso de los metales por el hombre prehistórico. Distinguía una época del cobre y otra del bronce y defendió que el abandono por parte del hombre primitivo de la piedra pulimentada, al ser sustituida la piedra por el empleo de metales, era un signo evidente del progreso de aquellas sociedades. También hacía hincapié en que la época de los metales no se iniciaba con el bronce sino con el cobre. Presentó en la correspondiente sesión una serie de hachas de cobre puro que abonaban la tesis que defendía y que no se circunscribía a la península Ibérica —hasta aquel momento había sido en España y Portugal donde se habían encontrado los testimonios más importantes—, sino que la existencia de esas dos edades claramente diferenciadas por el uso de metales diferentes podían extenderse a todo el continente europeo.[3]

Según exponía en una reunión de la Sociedad Española de Historia Natural,[4] que después de haber presentado su ponencia en el congreso, utilizando como pretexto el haber ofrecido a la sección un ejemplar de los *Breves apuntes sobre algunos objetos prehistóricos de la provincia de Santander,* de Sanz de Sautuola, dio una serie de explicaciones sobre las pinturas y volvió a defender la tesis que había sostenido en Lisboa. Vilanova no albergaba dudas

2 Insistía en la ponencia titulada *Del cobre al bronce en España*, presentada en el congreso de Lisboa.

3. Sociedad Española de Historia Natural. Actas correspondientes a la sesión celebrada el 1 de junio de 1881.

4. *Ibidem.*

de que las pinturas de la bóveda y las paredes eran contemporáneas del depósito de restos que aparecían en el suelo y sobre los que no existían sospechas de su carácter prehistórico. Eran, según sus propias palabras, del «periodo del cuchillo ó del reno».

Volver a hablar de Altamira hizo que se abriera de nuevo un debate sobre las pinturas, ya que a sus afirmaciones replicó «un individuo de la sección» —Vilanova y Piera no lo menciona por su nombre según recogen las actas de la Sociedad Española de Historia Natural—,[5] dando lectura a una carta de Émile Cartailhac.

El paleontólogo español sospechaba que Cartailhac había redactado la carta pensando en que la presencia de Vilanova y Piera en Argel reabriría la polémica de Altamira. En su misiva el francés insistía en no conceder a las pinturas el carácter de obra salida de la mano del hombre prehistórico. No lo afirmaba, pero su declaración llevaba implícita una acusación de fraude que era lo que Harlé había dictaminado en su informe. Vilanova y Piera no se mostró en esta ocasión tan discreto como había sido en Lisboa y señaló la imperdonable ligereza con que actuaba Cartailhac al emitir opinión sobre unas pinturas que sólo había visto en reproducciones más o menos imperfectas. Invitó a los asistentes a no emitir juicios sobre las pinturas sin haber visitado la cueva y calificó de «capricho» dar opiniones sobre lo que no se ha visto y mucho menos se ha analizado con detenimiento.

Como detalle curioso señalemos que en este congreso celebrado en Argel, Gabriel de Mortillet presentó una ponencia acerca de la Atlántida y sus habitantes.

Pese a todos estos obstáculos, Vilanova y Piera no cejará en su empeño de reivindicar las pinturas de Altamira

5. *Ibidem.*

como una excepcional obra del hombre que habitaba en las cavernas en la etapa final del Paleolítico. Insistió en su defensa en el XI Congreso de la Association Française pour l'Avancement des Sciences, celebrado en La Rochela en 1882, donde presentó una ponencia bajo el título de «Sur la caverne de Santillana». Volvió a hacerlo en el XV Congreso de la misma asociación, celebrado en Nancy y que, como veremos más adelante, dará lugar a un enfrentamiento con Cartailhac, quien había ignorado por completo la existencia de las pinturas en el libro que acababa de publicar sobre la prehistoria en España y Portugal.[6]

En el plano internacional, a estas alturas de la polémica las voces que se alzaban en contra de las pinturas de Altamira, bien rechazándolas como fraudulentas, bien ignorando su existencia, eran muchas más que las que abogaban por su carácter prehistórico. En estos años el rechazo siguió siendo la postura dominante, pese a que constantemente se producían hallazgos que presentaban ciertas similitudes con la forma en que estaban representados los animales en la bóveda de la cueva de Santillana del Mar, aunque se trataba de grabados en hueso o asta. Incluso se empezaban a establecer ciertas relaciones con pinturas encontradas en viviendas de tribus africanas que vivían en estadios de civilización muy primitiva.

6. Émile Cartailhac: *Les âges préhistoriques de l'Espagne et du Portugal.* París, 1886.

CAPÍTULO XV

LOS ATAQUES EN ESPAÑA

Una de las tres personas de fueron comisionadas por el Ministerio de Fomento para conocer las pinturas de Altamira fue Francisco Giner de los Ríos.[1] Su nombramiento como comisionado se debió fundamentalmente, según Rodríguez Ferrer, el otro de los comisionados, a que conocía Santander como su propia casa, ya que anualmente recorría aquellas comarcas.[2] A

1. Francisco Giner de los Ríos había sido expulsado de su cátedra en 1876 por sus protestas contra el decreto promulgado por el ministro Orovio y que dio lugar a la llamada Segunda Cuestión Universitaria. Puesto en libertad pocos meses después —en realidad, Giner de los Ríos pasó muy pocas horas preso en el castillo de Santa Catalina adonde lo habían conducido y fue trasladado a un hospital para curar una dolencia—, pero sin ser reintegrado a su cátedra, fundó junto a Sanz del Río y otros profesores como Armicis, los hermanos González de Linares o Macpherson, la Institución Libre de Enseñanza. En el momento de su viaje a Santander era el rector de la Institución.

2. Manuel Rodríguez Ferrer: *Apuntes de un diario. La llegada. Torrelavega. La Cueva de Altamira. La Ilustración Española y Americana,* número 24, Madrid, 8 de octubre de 1880, página 208.

diferencia de Vilanova y Piera y Rodríguez Ferrer, que se convirtieron en defensores de las pinturas después de haber visitado Altamira, Giner de los Ríos no quedó muy convencido. Defensor de las teorías del evolucionismo, tenía serias dudas de que las pinturas fueran obra del hombre prehistórico. Pero actuó con mucha discreción y, desde luego, no se planteó en ningún momento que se tratara de un fraude. Decidió que algunos miembros de la Institución Libre de Enseñanza visitaran la cueva y emitieran un informe razonado acerca de las pinturas.

A diferencia de lo ocurrido en Lisboa, donde se guardaron las formas y el rechazo estuvo determinado por la contradicción que su carácter de obra prehistórica generaba en las tesis evolucionistas, en España los ataques fueron de signo muy diferente. Llegaron mayoritariamente desde las filas de los creacionistas, pese a que tanto Sanz de Sautuola como Vilanova y Piera no eran partidarios de planteamientos que permitieran compatibilizar la evidencia de sus hallazgos y el relato bíblico.

En el otoño de 1880 —recordemos que el congreso de Lisboa se celebraba en septiembre de dicho año—, Ángel de los Ríos y Ríos, compañero de Sanz de Sautuola en la Comisión Provincial de Monumentos Arqueológicos e Históricos y, como él, también académico de la Academia de la Historia, a quien se conocía en Cantabria como el sordo de Provendaño[3] y por ser un decidido defensor de ideas ultraconservadoras, atacó los planteamientos de Vilanova y Piera y defendió que la cronología de las pinturas era tardía. Aprovechó para lanzar su ataque en el

3. Con ese nombre lo retrató José María de Pereda en su novela *Peñas Arriba*. Era persona arriscada muy fuerte a quien una progresiva sordera agrió su carácter. Sus ideas las expuso en *La Esperanza*, periódico que sostenía los planteamientos del carlismo. Realizó algunas excavaciones en Cantabria y fue el autor de su *Catálogo Monumental*.

periódico local *El Eco de la Montaña*[4] la reseña que hizo de los *Breves apuntes…* que le había enviado el propio Sanz de Sautuola.

Fue Ángel de los Ríos, defensor a ultranza del relato bíblico y las tesis creacionistas, quien lanzó desde la prensa local los primeros ataques contra las pinturas, descalificándolas con dureza. Negaba su antigüedad y arremetía contra la prehistoria como ciencia, afirmando que se fundamentaba en «ideas preconcebidas» y atacaba a Vilanova y Piera.

Sanz de Sautuola le replicó defendiendo al catedrático de paleontología y señalando —el matiz nos parece sumamente importante— que sus planteamientos no eran contrarios a las tesis cristianas, como se desprendía del hecho de que sus obras llevaban el níhil óbstat eclesiástico, como garantía de que su contenido era acorde con el dogma y los planteamientos sostenidos por la Iglesia católica. Argumentaba también que no podía ponerse en duda la vinculación de las pinturas a la prehistoria sin haberlas visto. Cursó una invitación a De los Ríos para visitar Altamira y también la cueva del Pendo, en Camargo, que había proporcionado importantes materiales para el conocimiento de la prehistoria en Cantabria.[5] La visita se llevó a cabo poco después, el 20 de noviembre y la hizo acompañado por Eduardo de la Pedraja, amigo de ambos y defensor de la condición prehistórica de las pinturas.

La visita a la cueva no hizo que el erudito montañés modificara su postura. Después de verlas concretó la cronología tardía a la que se había referido en su reseña del libro. Las situó en la época de la dominación romana

4. *El Eco de la Montaña* de 30 de septiembre de 1880.
5. Ángel de los Ríos aceptó la invitación según recogía *El Eco de la Montaña* de 4 de noviembre de 1880. Cifr. en Benito Madariaga de la Campa: M*arcelino Sanz de Sautuola. Escritos y Documentos*, página 144.

de Hispania, basándose en la existencia de ciertos animales que creyó identificar como uros –bóvidos salvajes muy parecidos a los toros, pero de mayor tamaño, que fueron muy abundantes en Europa pero acabaron por extinguirse—, que Julio César había descrito y situaba en la Selva Negra de Germania.[6] Unos días más tarde De los Ríos concretaba todavía más la cronología de las pinturas, afirmando que fueron pintadas en algún momento entre Sertorio y Tiberio.[7] Según esta precisión, muy amplia desde el punto de vista cronológico —unos ciento cincuenta años—, las pinturas debieron hacerse entre principios del siglo I a. C. y mediados del siglo I d. C.[8]

A las críticas de Ángel de los Ríos se sumó, también en el otoño de 1880, un ataque lanzado desde la prensa santanderina. Quien lo hacía, a diferencia de De los Ríos, se ocultaba tras el seudónimo de «El Parlante». Sus planteamientos eran mucho más duros que los que acabamos de ver, ya que ponían en duda la honorabilidad de Sanz de Sautuola, aunque no mencionaba el nombre de don Marcelino que, sin embargo, se sintió aludido como ponía de relieve en su contestación que publicaba en *El Cántabro* del 25 de enero: «... a nadie más que a mí, se puede referir lo del engaño e invención (cuyo doble sentido no desconozco) con que se califica ese hallazgo por el articulista, a quien debo hacer entender que, cuando se trata de desmentir públicamente, y en los periódicos, a otro que

6. *El Eco de la Montaña* de 2 de enero de 1881. Cifr. en Benito Madariaga de la Campa: *Marcelino Sanz de Sautuola*, páginas 159 y 163.
7. *El Eco de la Montaña* de 13 de enero de 1881. Cifr. en Benito Madariaga de la Campa: *op. cit.*, página 166.
8. Quinto Sertorio, destacado militar romano que se opuso a las pretensiones de Sila, murió en Osca (Huesca) en el año 72 a. C. La muerte de Tiberio Claudio Nerón, sucesor de Augusto y segundo de los emperadores romanos, se produjo en el año 37 d. C. en Miseno (Nápoles).

por lo menos merece tanta consideración y crédito como el que lo niega, lo primero que debe hacerse es dejar a un lado la careta o pseudónimo con que se encubre y arrostrar con su nombre las consecuencias de sus afirmaciones y después alegar razones que den fuerza a lo que dicen, que es muy cómodo y sencillo desmentir, o poner en ridículo al vecino, acogiéndose a la muletilla de declararse incompetente, lo cual no es obligado para meter la cucharada, como vulgarmente se dice, en lo que no entiende»[9]

En realidad, «El Parlante» recogía el comentario que circulaba entre la gente de Santillana del Mar que había visto entrar en la cueva al pintor Paul Ratier, a quien Sanz de Sautuola le había encargado la reproducción de las pinturas de la bóveda, pero el rumor que corría entre el vecindario señalaba que Ratier era el autor de las pinturas. Afirmaba que eran un fraude y que la falsificación había sido realizada hacía poco tiempo por un pintor moderno. La acusación de fraude ya había circulado con anterioridad, según se puede deducir de la alusión que hiciera Vilanova y Piera en la conferencia pronunciada en Santander a la broma de un «Apeles moderno», que también había empleado Sanz de Sautuola, así como al hecho de que dedicara parte importante de su intervención a exponer argumentos para demostrar la imposibilidad de ejecutar un fraude como aquél. Pero hasta el momento nadie había dado cuerpo en la prensa a tales rumores.

Los ataques lanzados por «El Parlante» desataron una fuerte polémica que no hizo sino aumentar el interés por las pinturas. En la prensa santanderina se multiplicaron las opiniones a favor y en contra. Como suele ocurrir en es-

9. *El Cántabro*, 25 de enero de 1881, páginas 1 y 2. Carta de respuesta de Sanz de Sautuola al «Parlante». Cifr. en Benito Madariaga de la Campa: *Sanz de Sautuola y el descubrimiento de Altamira*. Fundación Marcelino Botín, Santander, 2000, páginas 40-41.

tos casos, fueron frecuentes los argumentos poco sólidos. Había quienes defendían las pinturas como una cuestión de orgullo patrio y tildaban de antipatriotas a quienes las denostaban. En el campo contrario era patente que había quien se pronunciaba guiado por la envidia.

En octubre de 1880 una cabecera tan prestigiosa como *La Ilustración Española y Americana* publicaba un amplio reportaje sobre las pinturas de Altamira, firmado por el antropólogo Miguel Rodríguez Ferrer,[10] quien había aprovechado su visita a Santander como comisionado, junto a Vilanova y Piera y Giner de los Ríos, del Ministerio de Fomento en septiembre para emitir un informe sobre las pinturas. El debate, que fuera de algunos círculos académicos, se había mantenido dentro de Cantabria saltaba a la prensa nacional. El texto del reportaje iba acompañado con unas excelentes ilustraciones que había hecho el doctor Argumosa.

En el artículo, además de ofrecerse a los lectores una información detallada sobre las pinturas, nos encontramos con importantes referencias a la polémica que se había desatado. Rodríguez Ferrer señalaba que en Torrelavega existía cierta agitación a cuenta del «extraño hallazgo» de unas pinturas y de unos huesos en una cueva no muy distante de dicha localidad. Afirmaba que a la cueva se la designaba con el nombre de Altamira, que era el de un prado próximo a ella, y se refería a Sanz de Sautuola como su principal descubridor. En el texto se eludía hacer una descripción de la cueva, indicándose que *El Impulsor* —periódico de Torrelavega— ya lo había hecho por extenso en su número del 26 de septiem-

10. Miguel Rodríguez Ferrer: «Apuntes de un diario. La llegada. Torrelavega. La Cueva de Altamira». *La Ilustración Española y Americana*, número 24, Madrid, 8 de octubre de 1880, páginas 206-207 y 210.

bre,[11] pero Rodríguez Ferrer afirmaba que la visita lo había impresionado. Después de señalar la importancia de lo que denominaba como restos paleontológicos, es decir huesos de animales desaparecidos, como el *Equus primigenius,* el *Ursus spelaeus* o el *Bisón europeus,* recordaba que en muchos otros lugares podían encontrarse esa clase de restos que permitían situar la presencia del hombre en la cueva con anterioridad a lo que llamaba como la «Edad del Reno», sin duda por influencia de Vilanova y Piera. Afirmaba que lo verdaderamente singular de Altamira eran las pinturas: «... lo que la hará célebre en adelante serán las extrañas pinturas que se encuentran en las oscuras bóvedas de una parte de sus galerías». Las pinturas eran, señalaba con notable agudeza, «de arte más adelantado... en donde ya el arte presenta la sombra, el colorido, el relieve y todo en más vasta proporción.»[12]

Rodríguez Ferrer mostraba una agudeza poco común cuando exponía a sus lectores que para llegar al fondo de lo que representaban las pinturas de Altamira sería necesario averiguar qué clase de materiales había utilizado el autor de las pinturas para conseguir los diferentes colores que podían verse en ellas, cuál era la intencionalidad que tenía para hacerlas, quiénes fueron los hombres que las concibieron y cuál era su estructura social. También afirmaba en su reportaje que lo contemplado en Altamira era la manifestación de «un arte completamente nuevo, y tan nuevo como desconocido, remoto y digno de protección».[13]

11. Resulta cuanto menos curiosa esta llamativa afirmación puesta en las páginas de *La Ilustración Española*, dado que *El Impulsor* era un periódico local.
12.Miguel Rodríguez Ferrer: *op. cit.*, página 207.
13 *Ibidem.*

Por otro lado, se hacía eco de la polémica que las pinturas habían suscitado. Se refería al rumor acerca de una posible falsificación y afirmaba que dicho rumor también circulaba por Madrid en aquellas fechas. En la capital de España se atribuían las pinturas a un pintor americano que estaba loco. Rodríguez Ferrer rechazaba esa posibilidad, considerando imposible que un artista «loco o norteamericano» se hubiera encerrado en aquellas oscuridades para llenar la bóveda con las figuras de los animales. Afirmaba que era algo que rechazaba el buen sentido y que no podía ser admitido por quien haya visto las pinturas. Manifestaba su desacuerdo con que todo aquello fuera una especie de broma pictórica —utilizaba la palabra «guasa»—, al tiempo que ofrecía algunos argumentos dignos de consideración.

Indicaba que en la bóveda del Altamira aparecían animales que eran desconocidos para sus contemporáneos porque habían desaparecido de la fauna europea muchos siglos atrás «... y están representados con cierta acción fiel del que continuamente los veía». Otro argumento era la falta de luz para poder pintar, así como los problemas para poder tomar la distancia necesaria que permitiera tener la perspectiva suficiente. Incluso señalaba que un supuesto pintor moderno habría necesitado entrar y salir muchas veces de la cueva para llevar a cabo aquel trabajo y que resultaba prácticamente imposible que nadie lo hubiera visto. Señalaba que bastaba con mirar las resquebrajaduras de la superficie de las rocas y que, a diferencia de las pinturas murales que se conocen, no se percibía ninguna clase de imprimación ni de preparación de la roca.

Incluso se lanzó a formular una hipótesis sobre el origen de las pinturas, remitiéndose a la tesis de un tal Moncaut, según la cual a ambos lados del Pirineo existió un pueblo que adoraba las fuerzas de la naturaleza y que las pinturas podían interpretarse como una forma de culto ancestral a los animales que cazaban.

En aquella visita a Vilanova y Piera y Rodríguez Ferrer les acompañó Giner de los Ríos. El profesor de la Institución Libre de Enseñanza decidió que dos compañeros de tareas docentes viajaran a Santander y dieran su opinión sobre las pinturas. Se trataba de Rafael Torres Campos[14] y Francisco Quiroga Rodríguez.[15] Como había ocurrido con otros visitantes en ocasiones anteriores, quien les acompañó fue el farmacéutico de Torrelavega, Eduardo Pérez del Molino, que había colaborado con Sanz de Sautuola en las labores de excavación de la cueva.

Torres Campos y Quiroga Rodríguez elaboraron un informe que fue publicado en el *Boletín de la Institución Libre de Enseñanza* número 90, correspondiente al 16 de noviembre de 1880. Se mostraron contrarios a aceptar las pinturas de Altamira como una obra realizada por el hombre primitivo. Debió influir el hecho de que la aceptación como pinturas prehistóricas no encajaba en los planteamientos ideológicos y en la línea pedagógica establecida por la Institución Libre de Enseñanza, defensora de las tesis evolucionistas. A ambos profesores les resultaba muy difícil asumir, como había ocurrido en el Congreso de Lisboa, dada su perfección, que las pinturas pertenecieran a la prehistoria. Admitían que el material lítico y

14. Rafael Torres Campos fue unos de los geógrafos más importantes de la España del siglo XIX. Fue el introductor en nuestro país de las modernas corrientes geográficas de la escuela francesa. Está considerado como el padre de la geografía moderna en España.

15. Francisco Quiroga Rodríguez fue uno de los geólogos más importante de la segunda mitad del siglo XIX. Muy riguroso en su metodología, introdujo las técnicas de investigación más modernas para su época en el estudio de la geología. En 1886 realizó una expedición al Sahara que lo hizo célebre. La expedición se caracterizó por los escasos medios y el gran entusiasmo puesto por sus integrantes.

los restos óseos encontrados en la cueva eran prehistóricos, pero negaban esa posibilidad respecto a las pinturas de su bóveda. No podían ser obra de un ser primitivo, al que se le suponían numerosas limitaciones y, desde luego, no se le podía atribuir una capacidad estética como poseía al autor de aquella obra que ponía de manifiesto unas condiciones artísticas extraordinarias.

A Torres Campos y a Quiroga Rodríguez les parecía evidente que se trataba de la obra de un artista con mucha experiencia, como se ponía de manifiesto en que su trazo era firme, sin que se notaran vacilaciones. En las pinturas no se apreciaban enmiendas ni correcciones. Su autor era un maestro que mostraba gran seguridad en las líneas que perfilaban los dibujos y se referían a la gradación del color y a la existencia de contrastes realizados mediante la raspadura del dibujo para darle sentido de perspectiva. También abordaron en su informe el extraordinario realismo del que el artista hacía gala, utilizando todos los recursos a su alcance como era aprovecharse de las protuberancias que ofrecía la bóveda para dar volumen a los animales o señalar con mayor precisión los ojos y la boca. Afirmaban, sin vacilar, que no se podía buscar una perfección como la que ofrecía Altamira en ningún arte que se iniciaba y que, por lo tanto, se encontraba en los balbuceos.

Una vez más era la perfección de las pinturas lo que generaba los mayores problemas para poder datarla en época prehistórica y como quiera que lo representado en Altamira tenía visos de antigüedad, los profesores de la Institución Libre de Enseñanza aventuraron su propia hipótesis sobre la autoría de las pinturas. Consideraron que debía corresponder a algún pintor de la época en que Hispania era una provincia romana.[16] En su informe puede leerse textualmente: «Cuando después de la segunda guerra cantábrica las legiones romanas ocuparon el territorio de los vencidos, y los expulsaron de los sitios altos... pudo estar habitada la cueva de Altamira por soldados romanos que entretuvieran sus ocios pintando ciervos, caballos y bisontes».[17]

Pese al fiasco cosechado en Lisboa y a los ataques que en España les llegaban desde posiciones muy diferentes, ni Sanz de Sautuola ni Vilanova y Piera cejaron en su empeño. La defensa de las pinturas había cobrado tintes de verdadera batalla y ésta iba a ser larga.

16. No sabemos si Ángel de los Ríos, que señaló en un segundo artículo publicado en *El Eco de la Montaña* en enero de 1881 que las pinturas eran obra de un artista de época romana, era conocedor del informe de Torres Campos y Quiroga Rodríguez, que ya lo habían publicado en el *Boletín de la Institución Libre de Enseñanza.*

17. Francisco Quiroga Rodríguez y Rafael Rodríguez Campos: «La cueva de Altamira» *Boletín de la Institución Libre de Enseñanza* número 90, 16 de noviembre de 1880, páginas 161-162.

CAPÍTULO XVI

LA POLÉMICA EN LA SOCIEDAD ESPAÑOLA DE HISTORIA NATURAL

La polémica no amainó en los años siguientes. Los prehistoriadores franceses, encabezados por Gabriel de Mortillet y Émile Cartailhac, que ya había conseguido su cátedra de prehistoria en la Universidad de Toulouse, seguían negando la autenticidad de las pinturas de Altamira. Tanto Sanz de Sautuola como Vilanova y Piera mantuvieron su postura y defendieron su carácter prehistórico, haciendo frente a los ataques de falsificación y fraude. Fueron años muy difíciles para ambos.

Vilanova y Piera pronunció una serie de conferencias en el Círculo de Bellas Artes, lo que dio pie a que la polémica, que en España estaba lejos de desaparecer, arreciara. Para unos Altamira se había convertido en un símbolo patrio y era necesario defenderlo contra viento y marea. Para otros, era el resultado de un fraude, pese a que no podía explicarse la razón fundamental por la que se realizaban falsificaciones, que era la obtención de un beneficio material. Se falsificaban estatuillas, monedas o piezas de cerámica con el propósito de venderlas a coleccionistas o colocarlas en la tienda de algún anticuario, pero eso no era posible con las pinturas de la bóveda de Altamira. Esa circunstancia llevó a quienes sostenían que las pinturas eran el resultado de una falsificación a ver en todo aquello una especie de broma o el resultado de la acción de un demente.

Al tiempo que corrían los rumores y se hacían comentarios carentes de fundamento científico, en la Sociedad Española de Historia Natural se desató la tormenta y se libró una de las batallas más enconadas a lo largo del año 1886. En la sesión correspondiente al 1 de septiembre, se dio lectura a un escrito enviado por don Salvador Calderón y Arana[1] en el que se defendía de las críticas realizadas por González de Linares —un importante arqueólogo perteneciente también a la Institución Libre de Enseñanza y que como muchos otros miembros de dicha institución defendía el evolucionismo y las limitaciones del hombre primitivo—, a una serie de reflexiones expuesta en su libro *Las pinturas rojas en España,* que había publicado en 1884.

Las críticas de González de Linares[2] se referían a ciertas afirmaciones que Calderón y Arana hacía sobre

1. Salvador Calderón y Arana fue un importante científico de la España del siglo XIX. Doctor en Ciencias con una tesis en la que planteaba el carácter animal del hombre. Fue catedrático de Enseñanza Media, pero fue expulsado de su cátedra en 1875, como otros profesores, acusado de librepensador y krausista. Estuvo vinculado a la Institución Libre de Enseñanza y, después de una estancia en el extranjero, obtuvo la cátedra de Historia Natural en la Universidad de Sevilla, y más tarde la de Botánica y Mineralogía en la Universidad Central.

2. Augusto González de Linares fue un geólogo y mineralogista natural de Cabuérniga que desempeñó varias cátedras en diferentes universidades. Fue expulsado de su cátedra

las pinturas de Altamira. Rechazaba las acusaciones, indicando que no pretendía ofrecer una solución a la época en que había que situar las pinturas, ya que su adscripción le parecía que era todavía un asunto pendiente y que su posición era la de estudiarlas sin ideas preconcebidas. Su posición era que había de hacerse con escrupulosidad y cotejando los resultados de hallazgos semejantes realizados en otros sitios.[3]

Planteaba Calderón y Arana analizarlas en relación con las pinturas aparecidas en ciertos lugares de Sudáfrica, donde en algunas cuevas se habían encontrado pinturas con figuras humanas y de monos en sus paredes, a las que diferentes prehistoriadores habían dedicado importantes estudios. En dichos trabajos se concluía que algunos pueblos primitivos adornaban sus viviendas con dibujos y utilizaban ciertas sustancias naturales para darles colorido, empleándose cuatro colores: el blanco, el negro, el rojo y el amarillo de ocre, incluso en algunas pinturas había aparecido el verde. Añadía que en diferentes lugares esos dibujos, aunque estaban muy maltratados, aparecían perfiles de elefantes y caballos. Calderón se reiteraba en que lo único que había sostenido en su libro era que podían encontrarse ciertas similitudes con las pinturas de Altamira e invitaba a González de Linares a visitar la cueva de Santillana del Mar «comprobando, ante todo, su autenticidad y demostrando que, lo que no es creíble, la buena fe de los sabios no ha sido sorprendida por algún bur-

en 1875 por oponerse al decreto Orovio y participó en la fundación de la Institución Libre de Enseñanza. Fue repuesto en su cátedra con la llegada de los liberales al poder en 1881. Pero muy pronto se hizo cargo de la Estación Marítima de Santander, centro creado para estudiar la botánica y la zoología de la zona. Dirigió esta institución hasta su muerte, acaecida en 1904.

3 *Ibidem*, Actas de la sesión del 1 de septiembre de 1886.

lón, como algunos opinan. Él sabe [en alusión a González de Linares] perfectamente cómo podría esclarecerse ese punto fundamental. Por lo demás, la controversia sobre la mayor ó menor habilidad del salvaje en punto á dibujo, me parece sería infecunda en el presente caso, aparte de que la cuestión se ponía más en consideraciones relativas á perspectiva y posición de las figuras que en el grado de perfección de su trazado».[4]

Esta polémica nos revela que siete años después del descubrimiento de las pinturas los argumentos no habían variado. Seguía sosteniéndose que su perfección hacía imposible aceptar que fueran obra de un hombre que vivía en un estado salvaje y que podía ser un fraude realizado por alguien cuya pretensión era burlarse. El autor de *Las pinturas rojas en España* terminaba el escrito que había mandado a la Sociedad Española de Historia Natural con una reflexión final, que nos parece sumamente interesante:

> Debo terminar con una aclaración precisa para que no se interprete equivocadamente el sentido de mis precedentes observaciones sobre el asunto: si por prehistórico se entiende todo resto dejado por el hombre antes de la historia escrita, prehistóricas son la mayoría de las pinturas coloreadas de España, pero si semejante calificación se reserva, como parecen hacerlo los prehistoriadores naturalistas, a aquellas producciones antiguas de la razas primitivas anteriores á esas invasiones de Oriente que acabaron por modificar la población de la Europa Occidental trayendo nuevos elementos étnicos y abriendo otros derroteros a la industria y civiliza-

4. *Ibidem.*

> ción de esta parte del mundo, toda circunspección es poca para aplicar tal calificativo a los descubrimientos de producciones que se salen de los tipos bien conocidos y descritos.[5]

Lo ocurrido en esta sesión no fue sino el preliminar del gran enfrentamiento que iba a librarse dos meses después.

En el acta de la sesión del 3 de noviembre se recogía la información que Vilanova y Piera daba de su presencia en dos congresos internacionales a los que había asistido el verano anterior, uno celebrado en Ginebra y otro en Nancy.[6] Como en otras ocasiones, hizo un detallado informe de las ponencias presentadas por sus colegas y se refirió a los asuntos más interesantes tratados en ellas y a sus propias aportaciones.

Comentó que en el viaje de Ginebra a Nancy, pasó por París con el propósito de hacerse con un ejemplar de la obra que Émile Cartailhac acababa de publicar,[7] sobre las edades prehistóricas de España y Portugal. Las relaciones del paleontólogo español y del prehistoriador francés no habían mejorado con el paso del tiempo; más bien habían empeorado y la tensión entre ambos no había dejado de crecer desde lo que había ocurrido en Lisboa y posteriormente en Argel. Esa circunstancia explica la forma en que Vilanova y Piera se refería al texto del francés:

> ... previendo que tendría que hacerle alguna observación, pues tratándose de nuestras cosas sean

5. *Ibidem.*
6. *Ibidem*, acta de la sesión celebrada el 3 de noviembre de 1886.
7. Émile Cartailhac: *Les âges préhistoriques de l'Espagne et du Portugal. Résultats d'une mission scientifique du Ministère de lnstruction Publique*, París, 1886.

> naturales ó de cualquier otra índole, la tendencia de los escritores franceses es á hacernos poco favor. Y por cierto no anduve del todo desacertado, pues hojeando el libro advertí no sólo gran número de omisiones de hechos y localidades importantes como Albox, Tíjola, Cuevas, Alcoy, Málaga, etc. sino lo que es aun peor, que sospecha sean falsas o falsificadas las estatuas de Yecla, pues no otra cosa supone cuando dice que si son auténticas no sabe descifrarlas. Valdría más, como así se lo dije en la sesión antropológica, que declarara paladinamente su ignorancia respecto a este particular, antes de inferirnos la ofensa de suponer que somos unos falsificadores. Y digo esto recordando en este momento que otro francés, el Sr. Harlé, supone también que son falsas respecto á su antigüedad, las famosas pinturas de la cueva de Santillana, que visitó a la ligera, habiendo ejercido este dato tal influencia en el ánimo del Sr. Cartailhac, que ni siquiera las nombra en su libro, en que de referencia, pues no ha visitado aquella interesante estación, menciona algunos de los objetos encontrados, aunque sin detallarlos tampoco mucho, sin duda temiendo que los hayamos falsificado los que conocemos aquel antro terrestre, al que de estar en Francia se le hubiera concedido, de seguro, la importancia que se merece.[8]

Palabras muy duras las pronunciadas por Vilanova y Piera, que apenas necesitan comentario. Pero nos parece importante señalar sus afirmaciones relativas a la tendencia de los franceses —Vilanova y Piera no hacía matizaciones— a ensalzar lo propio, a veces a costa de

8 *Ibidem.*

degradar lo ajeno, y tratar con desdén lo español. Sin duda, sus palabras recogían algo que flotaba en el ambiente, al tiempo que eran una manifestación de su profundo malestar. Estaba dolido por la actitud desdeñosa con que el francés se refería a las cuestiones de la prehistoria en España y, en particular, por su empecinado silencio sobre las pinturas de Altamira. También es llamativo el que Vilanova y Piera relacionara esa actitud con el informe elaborado por Harlé.

Su intervención dio pie a que otro de los presentes en la sesión, don Eugenio Lemus y Olmo, director de la Calcografía Nacional, tomase la palabra para manifestar su rechazo al carácter prehistórico de las pinturas. Dijo intervenir en su condición de santanderino y que, desde que tuvo noticia del descubrimiento de las pinturas, se sentía incómodo por no haber hecho una visita a Altamira, cosa que había hecho aquel verano en una excursión a Santillana en compañía de otras siete personas. Cuando entró en la cueva no sintió «más que la impresión del desengaño al ver aquellas pinturas que consideraba fueran prehistóricas. La frialdad del que se encuentra chasqueado fue el sentimiento que experimenté al verlas».[9] Lemus y Olmo afirmaba que la veintena de figuras presentadas de perfil que querían «imitar cuadrúpedos antediluvianos» no podían ser prehistóricas. No presentaban ningún elemento de los que caracterizaban al arte que denominaba «bárbaro». Se refirió a la soltura y amaneramiento de los contornos de los dibujos como una prueba irrefutable de su falsificación. Las asignó a un pintor moderno, en su opinión no demasiado aventajado. Sostenía que estaban hechas a pincel y en modo alguno con un objeto sólido.

9. *Ibidem*, página 81.

> «Por la estructura, el acento de la línea y aún las proporciones, demuestra que no es inculto el autor; y por más que no sea un Rafael, acredita haber consultado el natural por lo menos en pinturas ó dibujos bien ejecutados, aunque denota en la ejecución abandono amanerado.
>
> Tales pinturas no tienen el carácter del arte de la edad de la piedra, ni arcaico, ni asirio, ni fenicio, y solo la expresión que daría un mediano discípulo de la escuela moderna»[10].

En su condición del director de la Calcografía Nacional hizo gala de numerosas precisiones teóricas sobre las pinturas y fue muy explícito en su opinión sobre ellas: las pinturas de Altamira eran un fraude. Se trataba de la obra de alguien que había pintado recientemente en las paredes. Aludió con sorna a que pintar en las paredes de las cuevas era algo habitual y se refirió al recuerdo que dejó en Altamira unos de los integrantes de la comitiva regia que acompañaba a Alfonso XIII en su visita a la cueva, al escribir en sus paredes el nombre del monarca. La modernidad que vio en las pinturas hizo, según sus propias palabras, que ya no se molestase en ver las pinturas que había en las galerías más interiores «porque ya tenía formada mi opinión». Remató su intervención con unos párrafos malintencionados, no tanto por lo que decía sino por lo que insinuaba:

> «… reflexionado quién pudiera ser el autor de aquel engaño, me acordé de que en Santander había dos artistas dedicados á retratos que fueran capaces de

10. *Ibidem.*

> hacerlo. Cuando regresamos de la excursión a Torrelavega mi convecino y amigo D. Adolfo Rebolledo, que acompañó al Sr. Vilanova cuando visitó la cueva, y entusiasta de la ciencia prehistórica, quiso saber el juicio que había yo formado de las pinturas. Le dije mi opinión y le pregunté si recordaba que por la época del descubrimiento de la cueva estuviera por allí cerca su amigo el mudo –se refiere a Paul Ratier que era sordomudo—, y me contestó que por aquella época pasó una temporada en el Puente de San Miguel, pueblo que se halla en la falda del cerro donde está la cueva».[11]

Recordemos que en Puente de San Miguel tenía una vivienda Marcelino Sanz de Sutuola.

El ataque frontal del director de la Calcografía Nacional a las pinturas debió de sorprender a Vilanova y Piera. La primera impresión que produce la lectura del acta de la sesión de la Sociedad Española de Historia Natural es que la intervención de Lemus y Olmo había surgido al hilo de la que había tenido el paleontólogo. Pero analizada con más detenimiento permite sospechar cuando menos de que se trataba de una actuación meditada. Lemus y Olmo desmontaba uno de los principales argumentos que Vilanova y Piera había empleado desde el principio, al haber visitado la cueva. Por otro lado, se había centrado en las aptitudes artísticas del autor de las pinturas y en sus características técnicas, un terreno en el que se desenvolvía con soltura, dada su condición de principal responsable de la Calcografía Nacional.

11. *Ibidem*, página 82.

Vilanova y Piera respondió al ataque inmediatamente, pero da la impresión, a tenor de los argumentos que utilizó, que Lemus y Olmo lo había sorprendido. Rechazó algunos de sus tecnicismos, como que el contorno estuviera hecho con humo de bujía como fórmula de disimular los restos de humo que había dejado la propia iluminación de la que hubo de servirse el pintor. Le replicó que entre los restos encontrados en las excavaciones del suelo de la cueva habían aparecido piezas que tenían analogía artística con las pinturas y que el relleno de color de las figuras estaba hecho con ocres que se encuentran en las cercanías. Defendió una vez más el sentimiento artístico que tenían los hombres de la época que ya denomina como magdaleniense, época en que contaban con verdaderos talleres donde elaboraban en grandes cantidades objetos de piedra y hueso, lo que era indicativo del nivel de su cultura. Aludió a que las pinturas de Altamira tenían ciertas similitudes con las encontradas en las cuevas francesas de la Magdalena y de Massat, que eran consideradas pinturas auténticas y se las situaba cronológicamente en la prehistoria. Terminaba su alegato señalando que no alcanzaba a comprender el interés que podía tener alguien el llevar a cabo una falsificación como aquélla ni que nadie reparara en un pintor que entrase y saliese del lugar durante un largo tiempo, el necesario para realizar una obra como la que había en la bóveda de aquella caverna. Incluso que tuviera conocimiento de la existencia de algunos de los animales allí representados que formaban parte de la antigua fauna de la región y que habían desaparecido hacía ya muchos años.

Vilanova y Piera debió de salir muy enfadado de aquella sesión. Inmediatamente escribió a Sanz de Sautuola dándole cuenta de lo ocurrido y explicándole los argumentos dados por Lemus y Olmo para rechazar la antigüedad de las pinturas. Don Marcelino respondió a su carta con cierto tono de jocosidad, aunque es fácil deducir que debió sentirse indignado. La acusación de fraude apuntaba directamente hacia su persona. Rechazaba que Paul Ratier pudiera ser el autor de las pinturas, aduciendo falta de aptitud artística e indicaba que en Puente de San Miguel y en Santillana del Mar vivían personas que podían atestiguar cómo acompañaron al pintor sordomudo francés la primera vez que visitó Altamira, lo que sucedió meses después de que él hubiera descubierto las pinturas. Añadía, además, que salvo algunos pastores y los peones que le habían ayudado en las labores de excavación nadie había entrado en la cueva «en tiempos modernos... pues ni era sitio conocido ni su entrada convidaba a franquearla, porque era muy fácil bajar rodando; con la obra que hizo el Ayuntamiento de Santillana le quitaron el verdadero carácter que tenía».[12]

La polémica no quedaba cerrada porque en la última sesión celebrada por la Sociedad Española de Historia Natural[13] de aquel año fue el propio Vilanova y Piera quien volvió a sacar el tema de las pinturas, dando lectura a la carta de Sanz de Sautuola. A los argumentos de don Marcelino, Vilanova y Piera añadía una serie de consideraciones en las que lamentaba la opinión de Lemus y Olmo. Le criticaba que no hubiera entrado a

12. Carta de Sanz de Sautuola a Vilanova y Piera de noviembre de 1886 en respuesta a la intervención de Lemus y Olmo en la sesión del 3 de noviembre de 1886 en la Sociedad Española de Historia Natural. El contenido de la carta fue expuesto por Vilanova y Piera en la sesión del 1 de diciembre de 1886.

13. Sociedad Española de Historia Natural, acta correspondiente a la sesión del 1 de diciembre de 1886.

las demás galerías donde podían verse, de forma tosca y rudimentaria «los ensayos ó esbozos de los artistas trogloditas habitantes de aquel antro terrestre por espacio de mucho tiempo, acaso siglos enteros, a juzgar por la prodigiosa cantidad de restos de alimentación que allí dejaron». Insistió en que la cueva, «por los tesoros que encierra» habia que situarla en el periodo magdaleniense, es decir la última fase del Paleolítico, y que sólo dudaban de ella quienes no la han visitado. Insistió en que las pinturas tenían puntos en común con otras encontradas en Francia sobre las que no se albergaban dudas, algo muy doloroso para Vilanova y Piera. Insistía de nuevo en que para organizar una superchería como la que algunos sostenían se necesitaba tal concurso de circunstancias que resultaba imposible mantenerlas ocultas y añadía «se ha echado a volar la invención del pobre mudo francés Ratier, a quien por desgracia no es fácil hacerle comprender el papel que en tal comedia se le confía para sincerarse ó para declarar paladinamente ser el autor de tal fechoría». Remataba su argumentación señalando que «se comprende la reproducción hábilmente hecha de un cuadro de Murillo ó Rafael, así como las falsificaciones que se realizan en Granada, por ejemplo, de algún célebre vaso árabe, pues en ambos casos la operación es muy provechosa; pero tomarse tanta molestia como suponen las pinturas de Santillana y las numerosas estatuas de Yecla, sin otra mira ulterior que la de dar un chasco a algún incauto, es verdaderamente incomprensible y hasta inocente, por no emplear otra frase más gráfica y significativa».[14]

14. Sociedad Española de Historia Natural, acta de la sesión del 1 de diciembre de 1886, páginas 90-91.

Lemus y Olmo replicó que para nada se había referido a Sanz de Sautuola en su intervención en la anterior sesión y que no tenía por qué acudir al testimonio del vulgo como se insinuaba en la carta que Vilanova y Piera acababa de leer. Señaló también que no sabía que el «pintor mudo hubiera estado en la cueva hasta que lo he oído decir en dicho escrito, ni tenía para que ocuparme del Sr. Sautuola»[15].

Estas manifestaciones dejan entrever un cierto desprecio por Sanz de Sautuola, al que Lemus y Olmo se refería con desdén. Se lamentaba de que las pinturas no fueran prehistóricas porque eso significaría que Altamira sería una maravilla, pero esa no era la realidad porque el hecho de que allí se encontraran restos óseos y objetos de sílex elaborados por el hombre primitivo, no avalaba el que las pinturas también lo fueran, ya que no se encontraba en ellas ningún «carácter del arte de la Edad de Piedra». Se reiteró en que eran la obra de un pintor moderno muy limitado en sus facultades artísticas que ni siquiera sabía fingir ni conocía el arte prehistórico. Afirmó que quienes habían organizado aquella farsa lo habían hecho de forma tan torpe y desacertada, «que se valieron del menos apto para ello». Estas últimas palabras revelaban que para Lemus y Olmo la falsificación no era un decisión personal de un pintor loco, sino el resultado de una trama urdida por un grupo de personas y más adelante añadía:

> Pero el inspirador de tan desdichado pensamiento —se refiere a la falsificación— no pensó en la coartada; no supo o no entendió que el arte no es mudo,

15. *Ibidem*, página 91.

> que se descubre como el anónimo por la letra cuando esta no se sabe disfrazar.
>
> Aquello está hecho con la franqueza del amaneramiento propio, sin disimulo, de prisa, como quien cava sin mirar atrás con el deseo de concluir pronto, en muy malas condiciones: en otras mejores, el que pintó aquello sabe hacer más delante de un lienzo con la paleta en la especialidad á que se dedique, que no será por cierto pintar animales antediluvianos.[16]

Atacó luego las proporciones, rechazando que un artista de la prehistoria pudiera tener idea de las mismas, que no se encontraba en el arte de pueblos antiguos, como los asirios, los persas o los babilonios y que era necesario esperar a los griegos para encontrarlas al modo de Fidias o Praxíteles. Incluso aludió a las esculturas encontradas en el Cerro de los Santos para señalar la falta de proporción. Los ataques de Lemus y Olmo no se limitaron a las pinturas, también arremetió con las reproducciones que se habían hecho, tanto las aparecidas en *La Ilustración Española y Americana* como las que acompañaban los *Breves apuntes…* señalando que eran pésimas y que sólo en el número de animales se parecían a las de la cueva.

Intervino en el debate Ignacio Bolívar y Urrutia[17] para manifestar su conformidad con la opinión de Le-

16. *Ibidem.*

17. Ignacio Bolívar y Urrutia fue catedrático de Entomología de la Universidad Central. Estuvo ligado el krausismo y presidió la Junta para la Ampliación de Estudios. Fue miembro de varias reales academias, entre ellas la Española de la Lengua, y director del Museo de Ciencias Naturales y del Real Jardín Botánico. En 1939 se exilio a Francia y más tarde pasó a México donde fue nombrado doctor honoris causa. En México, junto a otros exiliados españoles, fundó la revista *Ciencia*, que desde 1980 es el órgano oficial de la Academia Mexicana de Ciencias. Murió en México en 1944.

mus y Olmo, a quien consideraba juez competentísimo en lo referente a las consideraciones artísticas por su condición de director de la Calcografía Nacional, ya que el dominio de la línea y el conocimiento de la perspectiva no se le podían suponer a un hombre salvaje. Hizo un encomio de la obra de Cartailhac, quien afirmaba que entre los huesos hallados en Altamira no se encontraban los de ningún bisonte como los que aparecían representados en su bóveda. Añadió que en su visita a algunas cuevas de la zona no encontró pinturas en ninguna de ellas.

También terció en la polémica Manuel Antón y Ferrandiz[18] con una reflexión sumamente interesante. Se refirió a que en su visita a Altamira observó que había en suelo un importante número de peñascos que, al parecer, se habían desprendido de la bóveda, añadió que eso era algo muy común en las cuevas de la zona, donde el proceso de calcificación y formación de estalactitas no era muy activo. El estudio de esos desprendimientos permitiría establecer la antigüedad de la bóveda, lo que arrojaría luz sobre todo aquel asunto. En su opinión muchas de las piedras que había en el suelo de Altamira procedían de la zona donde se encontraban las pinturas. Propuso que se nombrase una comisión de geólogos para que certificasen o rechazasen lo que sólo era su opinión. Señaló que una resolución sobre los desprendimientos de la bóveda podría poner punto final a los debates que habían originado las pinturas

18. Manuel Antón y Ferrandiz fue un antropólogo alicantino que creó la sección de antropología del Museo de Ciencias Naturales de Madrid. Fue catedrático de Ciencias Naturales en un instituto de Córdoba y más tarde titular de las cátedras de Zoología y de Antropología en la Universidad Central. Tradujo al español algunas de las obras más importantes del evolucionismo, como *La inteligencia animal* del discípulo de Darwin, George John Romanes. Fue autor de numerosas obras de antropología.

«que tengo por no prehistóricas, aunque de sabor y carácter anticuado.»[19]

Dedicó grandes elogios a Sanz de Sautuola a quien, por sus importantes trabajos, tanto la prehistoria española como la de su tierra natal le debían mucho. Concluyó su intervención con una curiosa afirmación acerca de que las figuras de la bóveda de Altamira descritas como bisontes ofrecían un gran parecido con las reses que se podían ver en las montañas que rodeaban Reinosa.

19. Sociedad Española de Historia Natural. Acta de la sesión del 1 de diciembre de 1886, página 96.

CAPÍTULO XVII

EL VIENTO COMIENZA A CAMBIAR

A primeros de febrero de 1887, un año antes de la muerte de Marcelino Sanz de Sautuola, el prehistoriador francés Édouard Piette escribía una carta a Émile Cartailhac, después de haber analizado detenidamente los *Breves apuntes*... En esa carta le decía:

> Don Marcelino de Sautuola me ha enviado su folleto sobre los objetos prehistóricos de la provincia de Santander, y especialmente sobre las pinturas de la gruta de Santillana del Mar... yo no dudo que esas pinturas no sean de la época magdaleniense.[1]

1. Martín Almagro Barch: «Arte paleolítico hispano-aquitano y arte mesolítico levantino», en *Altamira, cumbre del arte prehistórico,* Instituto Español de Antropología Aplicada,

La aparición de un creciente número de objetos de arte mobilar, acerca de los que no había dudas para situarlos cronológicamente en los últimos estadios de lo que se conocía ya como el Paleolítico superior, decorados con grabados en los que podían verse animales con trazas similares a las que presentaban las denostadas pinturas de Altamira, había eliminado las dudas de una personalidad como la de Édouard Piette que, si bien no se trataba de un profesional –era magistrado que en su tiempo libre se dedicaba a la arqueología prehistórica–, gozaba de un prestigio incontestable. Había descubierto numerosas cuevas en las zona de los Pirineos y sus hallazgos en Mas d'Azil, en la comarca del Ariège, habían sido espectaculares.

Sin embargo, aquel cambio de viento a favor de las pinturas de Altamira se iniciaba demasiado tarde para su descubridor. Don Marcelino Sanz de Sautuola había fallecido el 2 de junio de 1888 sin ver reconocido su principal mérito: el descubrimiento de las pinturas de Altamira. Es cierto que se le había dispensado una notable consideración por sus otros hallazgos y que, posiblemente, por el perfil de su propia personalidad nadie le había acusado de una forma directa de fraude. Ni siquiera «El Parlante» lo había hecho, al menos de una forma directa, aunque Sanz de Sautuola se diera por aludido. Pero, sin duda, era una satisfacción menor. El desdén y el silencio, las insinuaciones malintencionadas y las medias palabras habían supuesto un descrédito que alimentaron los rumores de los maledicientes. Sanz de Sautuola, por pundonor, se sintió en la obligación de responder a muchos de los ataques que sufrían las pinturas y también él

Madrid, 1968, página 185. Cif en Benito Madariaga de la Campa: *Sanz de Sautuola y el descubrimiento de Altamira*. Fundación Marcelino Botín, Santander, 2000, páginas 60-61.

de una forma indirecta. Otro tanto le ocurría a Vilanova y Piera, que no había dejado a lo largo de todos aquellos años de ser una especie de embajador de Altamira en los foros internacionales

En la necrológica publicada por *El Atlántico*, periódico de Santander, se hacía referencia a los numerosos cargos que Sanz de Sautuola había desempeñado y a su condición de miembro de la Comisión Provincial de Monumentos, de académico correspondiente de la Real Academia de la Historia y añadía que «poseía una buena librería y un curiosísimo archivo en que hay muy raros papeles relativos a cosas de la Montaña. Era dueño también de una discreta colección de objetos antiguos hallados en sus frecuentes expediciones artísticas por la provincia».[2]

Era una necrológica laudatoria donde se ensalzaba su perfil humano y los grandes servicios que había prestado a la sociedad montañesa, pero no había en ella mención alguna al descubrimiento de las pinturas de Altamira que, con el paso del tiempo, se convertiría en su mayor timbre de gloria. En el momento de su muerte, el descubrimiento de las pinturas nada aportaba al currículum de Sanz de Sautuola, más bien suponía un lastre, dadas las sombras de la duda, cuando no el descrédito, que había caído sobre ellas. Se guardaba silencio, porque las referencias a las pinturas podían suponer un desdoro de la imagen del finado que se quería resaltar.

Ese descrédito, muy extendido por aquellas fechas, no fue obstáculo en 1889 para que Vilanova y Piera en su discurso de ingreso de la Academia de la Historia —discurso que fue contestado por Cánovas del Castillo—, en el que se refirió a numerosos aspectos de lo que denominó

2. Cifr. en Benito de la Campa Madariaga: *Sanz de Sautuola y el descubrimiento de Altamira*, página 60.

como la protohistoria española, hiciera una referencia a Altamira:

> … a veces ensayos de dibujos, como indicio de verdaderas manifestaciones artísticas, de las cuales la cueva de Santillana ofrece, en el techo de la primera galería y en las paredes de las cuatro o cinco restantes los testimonios, en mi concepto más auténticos y antiguos que se conocen. Con efecto (*sic*): los dibujos toscos, y las pinturas hechas con ocre que allí se observan, y que he examinado más de una y diez veces, ofrecen los mismos caracteres que los encontrados en pedazos de marfil y asta de ciervo, pues unos y otros representan animales contemporáneos de aquel tiempo, siendo idéntica la ejecución de perfil, por medio de trazos, y mejor rayas finas, abiertas con instrumentos de punta aguda.[3]

Una vez más, defendía el valor de las pinturas y sostenía su carácter prehistórico. El argumento que esgrimía era muy similar al que Édouard Piette había dado a Cartailhac en su carta: se podían establecer similitudes estéticas con piezas decoradas acerca de las los que no se albergaban dudas sobre su carácter prehistórico. El argumento no era nuevo en boca del paleontólogo español. Lo había utilizado reiteradamente en los congresos donde había hecho de la defensa de las pinturas de Altamira poco menos que una cuestión de honor. También lo había empleado para sostener sus puntos de vista frente a quienes a lo largo de los años se negaron, con los más variados argumentos —algunos de ellos re-

3. Discurso pronunciado por don Juan Vilanova y Piera con motivo de su ingreso en la Real Academia de la Historia, publicado en Madrid, en la imprenta de A. Ruiz Dubrull, página 58.

sultan hoy verdaderamente pintorescos–, a reconocer su valor.

En la última década del siglo XIX, las excavaciones llevadas a cabo en numerosas cuevas del sur de Francia, en las que Piette había encontrado algunas piezas excepcionales, como la cabeza de caballo encontrada en Mas d'Azil, ampliaron la cantidad de material que tenía un valor estético, por lo general de piezas de arte mobilar, aunque también se empezó a reparar en los grabados parietales. Será en este momento cuando salga a la luz pública que, por las mismas fechas en que Sanz de Sautuola excavaba en Altamira, Léopold Chiron, un maestro de escuela aficionado a la arqueología, descubría en las paredes de la cueva de Le Figuier, en Saint-Martin-d'Ardéche, una maraña de líneas que, según su opinión, no eran obra de la naturaleza. Chiron dedujo que habían sido hechas por los mismos hombres que habían tallado los útiles de piedra que había encontrado en el suelo de la cueva. Aquellos grabados estaban protegidos por una ligera capa de calcita y entre la maraña creyó distinguir una serie de aves con las alas abiertas. Fotografió todos los grabados y después de un concienzudo estudio comprobó que, en realidad, lo que allí había representado era una serie de mamuts superpuestos. Impresionado por su descubrimiento, escribió a Gabriel de Mortillet dándole cuenta del mismo, pero el prehistoriador galo actuó con Chiron con absoluta displicencia. No se tomó la molestia de dar respuesta a la carta del humilde maestro de escuela.

Sobre las figuras de Le Figuier cayó un pesado silencio que el propio Chiron decidió romper en 1889 cuando envió un artículo a la Sociedad Antropológica de Lyon, que lo publicó en su boletín. Era un paso más en el camino de la admisión de la existencia de una pintura ligada a los hombres que vivieron en la Edad de la Piedra Antigua.

Vilanova y Piera falleció en 7 de junio de 1893 a los setenta y un años de edad. Tampoco el ilustre geólogo y paleontólogo llegó a ver el reconocimiento de las pinturas de Altamira. En la sesión celebrada el 4 de octubre de ese año en la Sociedad Española de Historia Natural, se leyó una necrológica redactada por Quiroga Rodríguez en la que hacía un recorrido por su vida académica y científica. Aludía a sus publicaciones, conferencias, participación en congresos y lo definía como un «defensor y propagandista decidido de la prehistoria». Se refirió al difunto catedrático como autor de numerosos descubrimientos prehistóricos en España y a sus importantes aportaciones sobre la civilización del cobre. Pero Quiroga no hizo mención alguna a su lucha por el reconocimiento del auténtico valor de las pinturas de Altamira. Como a Sanz de Sautuola, a Vilanova y Piera la muerte le había llegado demasiado pronto en relación con el reconocimiento de aquellas pinturas.

En 1894 —un año después de que también Vilanova y Piera hubiese fallecido— se produjeron varios descubrimientos en diversas regiones francesas con los que empezó a modificarse el panorama de rechazo y escepticismo que hasta entonces había acompañado a las pinturas de Altamira. Se hallaron figuras en las paredes de varias grutas. Había pinturas en la de Chabot, en la región del Languedoc, llamada también gruta de los mamuts; en la de Pair-non-Pair, en el departamento de la Gironda, cuyas paredes fueron minuciosamente registradas por François Daleau quien, tras lavarlas, descubrió grabados que pertenecían, sin ningún género de dudas, al Paleolítico superior. También ese mismo año se encontraron pinturas en la gruta de La Mouthe, en la región de la Dordoña donde Émile Rivière, un médico de profesión aficionado a visitar cuevas en las que podían hallarse restos prehistóricos, descubrió una serie de grabados en las paredes. Rivière rápidamente lo comunicó a la Academia de Ciencias. Se había desatado una especie de carrera descubridora de arte parietal, lo que en palabras del prehistoriador británico Paul G. Bahn, especialista en las culturas primitivas de la Isla de Pascua y que descubrió en 2003 la primera cueva en Gran Bretaña con pinturas prehistóricas asignadas al Paleolítico, podía definirse como «la fiebre del oro» de la pintura prehistórica.

En todas las cuevas mencionadas aparecían en sus paredes diferentes animales grabados o pintados pertenecientes a la fauna prehistórica europea, muchos de los cuales habían desaparecido. Nadie albergaba dudas de que pertenecían a diferentes periodos –solutrense, magdaleniense, auriñaciense– del Paleolítico superior. Estos hallazgos empezaron a ser publicados en las revistas de diferentes sociedades arqueológicas que difundían las novedades que se producían en el campo de la prehistoria. Los grabados de Pair-non-Pair, por ejemplo, fueron dados a conocer por la Sociedad Arqueológica de Burdeos.

En 1897, Regnault y Jammes descubrían la cueva de Marsuolas, cuyas pinturas presentaban ciertas similitudes con las de Altamira. El panorama había cambiado por completo. Las denostadas pinturas de Santillana del Mar, objeto de toda clase de desprecios durante dos largas décadas, ya no eran una excepción. Ahora un número de voces, cada vez mayor –muchas de ellas habían guardado un temeroso silencio durante años–, se unían a lo que había defendido en los foros internacionales Juan Vilanova y Piera y Sanz de Sautuola había sostenido, con una modestia que llamaba la atención, en sus *Breves apuntes sobre algunos objetos prehistóricos de la provincia de Santander*, bastantes años atrás: que el hombre prehistórico era capaz de realizar obras de arte que no se correspondían con la imagen de salvaje primitivo que el evolucionismo había ofrecido.

La tenaz lucha acerca del carácter prehistórico de las pinturas de Altamira, ligadas al Paleolítico en sus últimos estadios, que había sostenido el catedrático español, casi en solitario, durante muchos años, haciendo frente al escepticismo cuando no al desdén de muchos de sus colegas, no era una quimera. Las graves acusaciones de falsificación, muchas de ellas sustentadas sobre sesudos argumentos, como los que Lemus y Olmo desgranaba en las sesiones de la Sociedad Española de Historia Natural, empezaban a perder consistencia, aunque el director de la Calcografía Nacional se empeñaba en negar las cada vez más numerosas evidencias y seguía insistiendo en que la bóveda de Altamira era obra de un mediocre artista contemporáneo.

También, para oprobio de su autor, perdían crédito las rotundas afirmaciones de Édouard Harlé, quien en su atrevimiento incluso llegó a poner fecha a las falsificaciones, señalando, con cierta insidia, que eran obra realizada entre la primera y segunda de las visitas realizadas a la cueva por Sanz de Sautuola. Igualmente, empezaban a carecer de sentido las teorías conspirativas de un complot jesuítico sostenidas en algún momento por Gabriel de Mortillet, cuya única finalidad sería ridiculizar el trabajo de los paleontólogos y prehistoriadores. Poco a poco, se convertían en humo de pajuelas los rumores que habían circulado difundiendo la idea de que las pinturas de Altamira se debían a los pinceles de un moderno Apeles, en la forma de un pintor norteamericano loco, de un sordomudo francés o un mediocre pintor contemporáneo poco capacitado para llevar a cabo la compleja tarea de una falsificación como aquélla.

Los descubrimientos de grabados y pinturas en las grutas francesas estaban abriendo perspectivas radicalmente nuevas a la actividad del hombre prehistórico, al que empezaba a dársele una capacidad creativa y un sentido estético que hasta entonces se había tenido por imposible. Las pinturas de Altamira comenzaban a dejar de ser una isla para la que no se había encontrado mejor explicación que la de una falsificación. Tomaba cuerpo lo que Sanz de Sautuola y Vilanova y Piera habían defendido con tenacidad.

Incluso empezaba a tenerse noticia del hallazgo de pinturas parietales con anterioridad al descubrimiento de Altamira, pero cuya existencia se había mantenido oculta hasta aquel momento. Era el caso de la cueva de Niaux, en el departamento de Ariège, que había sido recorrida en varias ocasiones por el médico, espeleólogo y prehistoriador francés, Félix Garrigou que no sabía cómo interpretar las pinturas que veía en sus paredes. Como consecuencia de varias visitas que Garrigou realizó a la cueva en la primavera de 1866, dejó anotado en su cuaderno de campo: «En las paredes hay diversos dibujos de bueyes y caballos????». Y en otro momento anotó: «Una gran sala redonda con diversos dibujos. ¿Qué puede ser esto? Artistas aficionados dibujaron animales ¿Por qué?».

También en la primera mitad de los años setenta del siglo xix, Jules Ollier de Marichard, miembro de las sociedades antropológicas de París y Lyon, encontró en la cueva de Ebbou, en la región de l'Ardéche de donde era inspector de monumentos históricos, unas siluetas de animales pintadas en las paredes que llamaron su atención, pero sólo lo dejó anotado en su diario, sin que hiciera público su descubrimiento.

Los santones de la prehistoria francesa, algunos de los cuales habían sido los grandes enemigos de Altamira, empezaron a abandonar sus recelos hacia las pinturas descubiertas en España. Ahora, tal vez como insinuara algunos años antes Vilanova y Piera, porque se trataba de cuevas francesas, no pusieron reparos para girar visitas ni tampoco para enviar emisarios a las grutas y comenzaron un estudio sistemático de las pinturas. Émile Cartailhac, junto al abate Henri Breuil, perteneciente a una nueva generación de prehistoriadores franceses –había nacido en 1877– estudiaron las pinturas de Marsuolas y dictaminaron que se trataba de una obra del Paleolítico superior.

En 1900 el abate Breuil estudiaba la cueva de La Mouthe. En sus paredes habia en torno a doscientas figuras entre grabados y pinturas. Aparecían ciervos, bisontes, caballos… un lobo. Fueron catalogadas como del Paleolítico superior; como muchas otras, las pinturas descubiertas se situaban cronológicamente como contemporáneas de las de Altamira. Al año siguiente Breuil, acompañado por Rivière, su descubridor, y Louis Capitan, visitaba Combarelles y realizó calcos de las pinturas allí conservadas. Ese mismo año de 1901 se produjeron en el sur de Francia dos descubrimientos espectaculares. Breuil localizaba pinturas en la cueva de Mas D'Azil y junto a Daniel Peyrony –otro miembro de la nueva generación– hallaba las de Font-de-Gaume, donde se volvían a encontrar los bisontes, los ciervos, los caballos vistos en la gruta de La Mouthe.

Con la llegada del nuevo siglo en el sur de Francia se estaba produciendo una verdadera avalancha de hallazgos que tuvieron como consecuencia cambiar muchos de los conceptos en que hasta aquel momento se asentaba la prehistoria. Henri Breuil presentaba en la reunión anual correspondiente a 1902 de la *Association Française pour l'Avancement des Sciences* los hallazgos encontrados en todas estas cuevas y señalaba que las pinturas rupestres asociadas al paleolítico superior eran una realidad incontestable. A Émile Cartailahc, a la sazón un maduro y reputado profesor, no le quedó más remedio que dar marcha atrás y abandonar la actitud que había mantenido hasta aquel momento. Habían sino necesarias más de dos décadas y que las pinturas rupestres asociadas al Paleolítico no fueran solamente un «asunto español». Gabriel de Mortillet, el otro gran escéptico ante las pinturas de Altamira, no pudo hacerlo: había fallecido en 1898.

El hombre de las cavernas, que coexistió con los mamuts, los bisontes o los ciervos que le proporcionaban carne, pieles, huesos, astas..., los había representado una y otra vez en las paredes y techos de sus viviendas. Lo había hecho en demasiados sitios como para seguir ignorando lo que Sanz de Sautuola había descubierto y dado a conocer al mundo hacía casi un cuarto de siglo y Vilanova y Piera había defendido con tanto ahínco.

Ya sabemos que los obstáculos con que tropezó el espectacular hallazgo del erudito montañés fueron varios. El primero, la calidad de las pinturas; el segundo, el concepto de hombre primitivo que se tenía en aquel momento, según las tesis de los evolucionistas; el tercero, que no había ninguna posibilidad de establecer comparaciones, ya que la existencia de otras pinturas se había mantenido en secreto por temor a las reacciones que podían provocar, algo que no importó a Sanz de Sautuola, convencido como estaba desde el primer momento del valor y la importancia de su hallazgo. Quizá también... que la cueva estaba al sur de los Pirineos, como apuntara Vilanova y Piera en alguna ocasión.

Pero todo eso quedaba ahora atrás. Era un verdadera lástima que ninguno de aquellos dos hombres viviera ya. No iban a tener la satisfacción de ver como sus nombres eran reivindicados y se les rendía el tributo del reconocimiento que merecían.

Había sonado, por fin, la hora de Altamira. No era posible seguir ignorando las grandiosas pinturas de su bóveda.

CAPÍTULO XVIII

LA REIVINDICACIÓN DE ALTAMIRA

A finales del verano de 1902 la prensa santanderina se hacía eco de la noticia de que unos prehistoriadores franceses iban a visitar Altamira. Entre ellos se encontraba Émile Cartailhac, cuya visita llegaba con casi un cuarto de siglo de retraso respecto a la invitación que le había cursado Vilanova y Piera en el congreso de Lisboa de 1880.

El 30 de septiembre llegaron a Santillana del Mar Cartailhac y Breuil. Su visita tenía como objetivo estudiar la cueva de Altamira y como quiera que ninguno de los dos hablaba español, les acompañaron, ejerciendo de intérpretes, Marcelino Menéndez Pelayo, el insigne polígrafo español natural de Santander, y Eduardo Pérez del Molino, el farmacéutico de Torrelavega que había compartido excavaciones con Sanz de Sautuola,[1] también ejercieron de anfitriones los dueños de *El Cantábrico*.[2]

1. *Ibidem.*

2. *El Cantábrico* fue un diario de tendencia republicana liberal, fundado en 1895 por los

Antes de acudir a Altamira, los prehistoriadores franceses examinaron diversas colecciones de objetos que guardaban algunos particulares y que se habían ido formando con los objetos encontrados en diferentes cuevas de la región. Entre ellas visitaron la de la familia Sanz de Sautuola y la de Eduardo de la Pedraja. Fue una especie de prolegómeno a lo que constituía el objeto principal de su viaje a Santander: la visita a Altamira con el propósito de reproducir las pinturas, como Breuil había hecho ya en algunas cuevas del sur de Francia. Cuando las vio, tuvo que descartar la posibilidad de utilizar calcos por la situación en que se encontraban. El abate era consciente de que en caso de hacerlo se produciría un daño irreparable. Decidió que lo procedente era dibujarlas. El propio Breuil dejó constancia de las dificultadas que hubo de afrontar para llevar a cabo ese trabajo que únicamente era factible realizando una copia de tipo geométrico. Lo consiguió «trabajando ocho horas diarias tumbado de espaldas sobre sacos llenos de helechos».[3] Para llevar a cabo la reproducción completa de las pinturas necesitó tres semanas.

Cartailhac, por su parte, quedó impresionado con lo que vio en Altamira. Posiblemente se acumularon varios factores para que señalara que «sus pinturas eran las más bellas y admirables», como declaró al diario santanderino *El Cantábrico*.[4] Por un lado, es evidente que en una afirmación como aquélla pesó el valor intrínseco de las

hermanos Rodríguez Parets y Mauricio Rodríguez de la Vega. Tuvo como director al periodista manchego José Estrañi y Grau y en muy pocos años se convirtió en un medio de gran influencia en la zona y llegó a alcanzar una importante tirada.

3. Cifr. en Eduardo Ripoll Perelló: *Vida y obra del abate Henri Breuil, padre de la prehistoria*, en *Miscelánea en homenaje al abate Henri Breuil (1877-1961)*, Excma. Diputación Provincial de Barcelona, Barcelona, 1964, página 6.

4. *El Cantábrico*, 6 de octubre de 1902.

pinturas. Pero es posible que también influyera su deseo de reparar una parte del daño que había provocado con la actitud que había mantenido durante muchos años.

Cartailhac y Breuil se marcharon de Santander el 26 de octubre, llevando consigo los dibujos que con tanto esfuerzo había hecho el abate. Se despidieron mediante una carta a la prensa en la que hacían un reconocimiento, desgraciadamente póstumo, a Sanz de Sautuola y a Vilanova y Piera, al tiempo que advertían del estado en que se encontraban las pinturas y el peligro de deterioro que las amenazaba. La advertencia indica, por una parte, la dejadez que hasta entonces había sido la norma en relación con unas pinturas que hasta aquel momento muchos habían tenido por un fraude. Por otra, tuvo consecuencias inmediatas. Se planteó la necesidad de tomar una serie de medidas de protección y establecer unas normas para las visitas.

Recordemos que eso fue algo que preocupó a Sanz de Sautuola desde el primer momento. Por ello, a los pocos meses de haberse descubierto las pinturas, colocó a sus expensas una puerta de madera, que el ayuntamiento de Santillana del Mar sustituyó poco después por una verja de hierro para evitar que se produjera algún acto vandálico.

En *El Cantábrico* se hicieron eco de esas recomendaciones y pocos días después, en un artículo firmado por Luis de Hoyos, se instaba a las administraciones públicas y a los santanderinos a que se hicieran los esfuerzos necesarios en aras de la adecuada conservación de Altamira para que un día no hubiera necesidad de lamentarse y los visitantes se encontraran allí con un letrero donde pusiera: «Aquí estuvo la célebre gruta prehistórica de

Altamira».[5] Repentinamente Altamira había cobrado un valor extraordinario que contrastaba con el poco aprecio que muchos le habían dispensado hasta entonces, como señalan algunas de las órdenes que desde el Gobierno Civil santanderino se dieron al alcalde de Santillana del Mar.

En un escrito del 30 de octubre, sólo cuatro días después de que se marcharan Cartailhac y Breuil, se instaba a las autoridades locales a tomar las medidas adecuadas para la protección de la cueva. Alguna de ellas era verdaderamente llamativa y que señala el poco cuidado que se había tenido hasta entonces, como la que instaba a que se prohibiese efectuar disparos en el interior de la cueva o que se prohibiera la utilización de medios de iluminación que dejasen restos de humo en las paredes e incluso que se impidiera extraer objetos del subsuelo o se llevasen a cabo actos que pudieran deteriorar las pinturas. Igualmente se ordenaba prohibir la entrada a personas que no fueran acompañadas por un guía o que estuvieran debidamente autorizadas. También se prohibió el que se utilizasen barrenos para extracción de piedra en los terrenos inmediatos.[6] Recordemos que cuando Modesto Cubillas descubrió la existencia de la cueva, se barajó la posibilidad de que la hendidura por la que se introdujo su perro pudo deberse a algún movimiento provocado por los trabajos en una cantera próxima.

Era palpable que la visita de Cartailhac y Breuil había iniciado un tiempo nuevo para Altamira.

Aquel mismo año Émile Cartailhac sintió la necesidad de hacer confesión pública de su arrepentimiento,

5 *El Cantábrico*, 4 de noviembre de 1902. Cifr. en Benito Madariaga de la Campa: *Sanz de Sautuola y el descubrimiento de Altamira...*, página 66.
6. *Ibidem.*

si bien lo hizo de forma limitada y muy matizada, algo que no resta un ápice de grandeza a su gesto, aunque es posible que lo hiciera para lavar su propia imagen. En la revista *L'Anthropologie* publicó un artículo con el título de: «Las cavernas decoradas con dibujos. La caverna de Altamira, España. Mea culpa de un escéptico».[7]

Cartailhac explica que había comenzado a comprender su error cuando visitó las cuevas de Pair-non-Pair y de La Mouthe. A las primeras impresiones que estas visitas le produjeron, siguió una perplejidad creciente. Le costaba trabajo asimilar lo que durante tantos años había negado y le sorprendía la técnica de aquellas pinturas donde no había rastro de correcciones, ni humos de candelas. Llamaba su atención la firmeza con que sus autores trazaban las líneas y configuraban un dibujo tan perfecto que resultaba poco menos que increíble que pudieran realizarlo. Se preguntaba cómo los hombres primitivos pudieron iluminarse en el interior de las grutas para poder pintar aquellas maravillas, llegando a la conclusión de que sus ojos estaban mucho más habituados a la penumbra que los nuestros. Después de explicar sorpresas y perplejidades, terminaba por admitir que no había reflexionado suficientemente sobre ello, lo que le había llevado a ser partícipe de un error veinte años atrás. Un error que había dado lugar a una injusticia que era necesario reparar públicamente. En su artículo daba cuenta del trabajo realizado por Marcelino Sanz de Sautuola, a quien calificaba de «distinguido español» y hacía una alabanza al erudito cántabro al afirmar que, con mucho tacto, no relacionó la cronología de los mate-

7. Puede verse una traducción al español del artículo de Cartailhac en la *Revista del Instituto de Prehistoria y Arqueología Sautuola*, Institución Cultural de Cantabria, Santander, 1985, páginas 375-380.

riales líticos y óseos encontrados en el suelo de la cueva con las pinturas de su bóveda, limitándose a establecer la posibilidad de que restos y pinturas fueran contemporáneos. Lo dice en su honor para a continuación tratar de justificar su escepticismo, achacándolo a la novedad que Altamira suponía en una fecha como 1880. Las pinturas le resultaban tan extrañas que pidió consejo y, sin citar el nombre de Gabriel de Mortillet, dice:

> Una influencia que generalmente me ha sido favorable, me indujo rápidamente al escepticismo. ¡En guardia! ¡Se quiere jugar una mala pasada a los prehistoriadores franceses! ¡Desconfía de los clericales españoles! ¡Y yo desconfié!

En su confesión de culpabilidad que ciertamente hacía, pero amparándose en las influencias de otros, también se referirá a que en el informe de Édouard Harlé se mostraban pruebas tan evidentes de falsificación —la ausencia de humo o la calidad de la pintura— que era lógico pensar que se pusieran objeciones. Se justificaba afirmando que nunca acusó de falsario a Sanz de Sautuola, cuya honradez estaba por encima de cualquier sospecha. Para Cartailhac los descubrimientos de prehistoriadores como Émile Riviére, Louis Capitan o Henri Breuil de pinturas rupestres en Francia por los que se declaraba asombrado, habían hecho que los argumentos para negar el valor de Altamira quedaran anulados. Concluía su artículo afirmando que era necesario inclinarse ante la realidad de los hechos y, por lo que a él concernía, hacer justicia a Sanz de Sautuola.

Era el «Mea culpa de un escéptico».

La visita de Cartailhac a Altamira en octubre de 1902, llegaba, efectivamente con más de veinte años de retraso. Desde Santander, escribió a su amigo Gustave Chauvet una carta, algunos de cuyos párrafos merecen la pena ser reproducidos:

> Querido amigo, el padre Breuil y yo desearíamos que estuviese usted aquí en la cueva de Altamira. Es la más hermosa, la más extraña, la más interesante de todas las cavernas con pinturas. Desde hace ocho días está copiando el padre estos bisontes prehistóricos, estos caballos, estos ciervos, estos jabalíes, todos tan asombrosos. Ya tiene un gran número de espléndidos dibujos, y cientos de copias en colores. Vivimos en un mundo nuevo.[8]

Terminaba el ostracismo en que se habían encontrado las pinturas y comenzaba una nueva época. Al desdén de otro tiempo le sucedían los testimonios que alababan su grandeza y que llevaban ahora a considerar las pinturas de la cueva de Santillana del Mar como uno de los grandes hitos de la historia del arte. Altamira empezó a ser denominada como la «Capilla Sixtina del arte cuaternario», nombre con que la bautizó Joseph Déchelette y que, en opinión de García Guinea, establecía un paralelo con la Capilla Sixtina de Miguel Ángel porque no sólo era una bóveda cubierta con excepcionales pinturas, sino porque en ambos casos se trataba de obras artísticas de trascendencia universal, una para el arte del Renacimiento y otra para el arte prehistórico.[9]

8. Carta de Émile Cartailhac a Louis Jacques-Gustave Chauvet, prehistoriador y arqueólogo francés, natural de Pérignat, en la región de la Charente, de 9 de octubre de 1902.
9. Miguel Ángel García Guinea: *Altamira y otras cuevas de Cantabria*, Sílex, Madrid, 2004, página 55.

CRONOLOGÍA

Siglos XVI, XVII y XVIII: Surgen por Europa los Gabinetes de Maravillas donde pueden verse, como curiosidad, los primeros restos fósiles.

1712: Felipe V ordena la creación de un Gabinete de Antigüedades, ligado a la Biblioteca Nacional.

1754: El naturalista Nöel-Antoine Plunche publica su obra *Le spectacle de la nature.*

1769: Nace el paleontólogo George Cuvier, que será el impulsor de la teoría del catastrofismo.

1827: El farmacéutico Paul Tournal establece por primera vez una relación de contemporaneidad entre el hombre y ciertas especies de animales desaparecidas de la fauna europea.

1830: El geólogo Charles Lyell, impulsor de la teoría del uniformismo, inicia la publicación de sus *Principles of Geology.*

1830: Paul Tournal emplea por primera vez la palabra prehistoria.
1831: Nace en Santander Marcelino Sanz de Sautuola y Pedrueca.
1831: Philippe-Charles Schmerling publica su obra *Recherches sur les ossemens fossiles découverts dans les cavernes de la province de Liège.*
1835: El naturalista y paleontólogo Alcide D´Orbigny inicia la publicación de su monumental obra *Voyage dans l´Amérique meridionale.*
1848: El teniente Edmund Flint encuentra un cráneo en Gibraltar, pero su descubrimiento se mantuvo oculto. Más tarde sería identificado como el cráneo de un homínido.
1849: Jacques Boucher de Crèvecoeur, conocido como Boucher de Perthes, por el nombre de su localidad de nacimiento, considerado el padre de la prehistoria, inicia la publicación de su obra *Antiquités celtiques et antediluviennes.*
1851: El arqueólogo Daniel Wilson publica su obra *The Archaeology and Prehistoric Annals of Scotland.*
1851: Joseph Prestwich, geólogo y miembro de la Royal Society, y Charles Lyell se desplazan hasta Abbeville (Francia) para visitar los descubrimientos de Boucher de Perthes. Tras esta visita, Lyell plantea la posibilidad, entonces escandalosa, de que la antigüedad del hombre se remonte a los 100.000 años.
1857: Johann Carl Fuhlrott, catedrático de Historia Natural de la Universidad de Tubinga, estudia un cráneo fósil encontrado en una cueva cercana al río Neander. Sería conocido como el cráneo de neanderthal.
1859: Hermann Schaaffhausen, reputado profesor de anatomía, identifica el cráneo estudiado por Fuhlrott

como de un humano de una raza diferente a los hombres del siglo XIX.
1859: El naturalista Charles Darwin publica su obra *El origen de las especies por medio de la selección natural, o la preservación de las razas preferidas en la lucha por la vida.* Provoca un gran escándalo entre los sectores más conservadores de la sociedad británica. Nacía oficialmente el evolucionismo.
1862: El ingeniero de minas y geólogo Casiano de Prado descubre un bifaz en la cantera de san Isidro, en las proximidades de Madrid.
1865: El matemático y banquero londinense John Lubbock distingue dos grandes etapas en la prehistoria: la piedra antigua (a la que denomina Paleolítico) y la piedra nueva (bautizada como Neolítico).
1870-1872: En una fecha no determinada en estos años, Modesto Cubillas descubre una cueva en la ladera de un monte, en el pago de Juan Mortero y término municipal de Santillana del Mar.
1871: Charles Darwin publica su obra *El origen del hombre y la selección en relación al sexo.*
1876: Se publica el decreto del ministro de Fomento, Manuel Orovio Echagüe, dirigido a las universidades españolas, ordenando importantes limitaciones a la libertad de cátedra.
1876: Marcelino Sanz de Sautuola visita por primera vez la cueva del pago de Juan Mortero, que más tarde sería conocida como la cueva de Altamira. Encuentra restos óseos y material lítico.
1878: Marcelino Sanz de Sautuola acude a la Exposición Universal de París, visita el pabellón de antropología y se encuentra con algunos de los más reputados prehistoriadores franceses.

1879: Marcelino Sanz de Sautuola, acompañado de su hija María Justina, ve por primera vez las pinturas de la bóveda de la cueva de Altamira.

Finales de 1879-principios de 1880: El pintor Paul Ratier hace una copia de las pinturas de Altamira.

1880: Marcelino Sanz de Sautuola publica sus *Breves apuntes sobre algunos objetos prehistóricos de la provincia de Santander.*

1880: Circulan los primeros rumores acerca de que las pinturas de Altamira no sean prehistóricas. Algunas voces incluso apuntan a un fraude.

1880: Juan Vilanova y Piera, catedrático de Geología y Paleontología de la Universidad Central, visita junto a Francisco Giner de los Ríos y Miguel Rodríguez Ferrer la cueva de Altamira. Queda impresionado al contemplar las pinturas.

1880: Juan Vilanova y Piera pronuncia una conferencia en el Instituto Provincial de Santander en la que señala el carácter prehistórico de las pinturas de Altamira.

1880: Juan Vilanova y Piera presenta las pinturas de Altamira en el IX Congreso Internacional de Arqueología Prehistórica, celebrado en Lisboa. Su exposición es acogida con un frío escepticismo. La actitud del prehistoriador Émile Cartailhac es de desprecio.

1880: Los profesores de la Institución Libre de Enseñanza Rafael Torres Campos y Francisco Quiroga Rodríguez visitan Altamira y rechazan el carácter prehistórico de sus pinturas. Las consideran de época romana.

1881: Édouard Harlé, ingeniero de ferrocarriles y presidente de la Societé d´Histoire Naturelle de Toulouse visita Altamira y publica un informe devastador sobre sus pinturas, afirmando que se trata de un fraude. Publica su informe en la revista *Matériaux pour l´Histoire*

Naturelle et Primitive de l'Homme, dirigida por Émile Cartailhac.

1881: Juan Vilanova y Piera insiste en su defensa de las pinturas de Altamira como obra prehistórica en el congreso celebrado en Argel por la Asociación Francesa para el Avance de las Ciencias.

1881: El rey Alfonso XII visita la cueva de Altamira.

1886: En varias sesiones de la Sociedad Española de Historia Natural se sostiene una fuerte polémica en torno a las pinturas de Altamira entre Juan de Vilanova y Piera y el director de la Calcografía Nacional, Eugenio Lemus y Olmo, que considera que las pinturas son un fraude realizado por un pintor mediocre en fecha reciente.

1887: El prehistoriador Édouard Piette escribe a Émile Cartailhac, señalando el carácter prehistórico que, en su opinión, tienen las pinturas de Altamira a raíz de ciertos hallazgos en el sur de Francia.

1888: Muere Marcelino Sanz de Sautuola sin que se reconozca el valor de las pinturas de Altamira, su principal descubrimiento como prehistoriador.

1889: El maestro de escuela aficionado a la prehistoria Léopold Chiron da a conocer las pinturas que había descubierto muchos años atrás en la cueva de Le Figuier.

1889: Juan Vilanova y Piera insiste en su defensa de las pinturas de Altamira al pronunciar su discurso de ingreso en la Real Academia de la Historia.

1893: Muere Juan Vilanova y Piera sin ver el reconocimiento de las pinturas de Altamira como extraordinaria obra prehistórica.

1897: El arqueólogo Félix Régnault descubre la cueva de Marsuolas, cuyas pinturas presentan similitudes con las de Altamira.

1900: El prehistoriador Henri Breuil estudia las pinturas de la cueva de La Mouthe y las sitúa como obra del hombre prehistórico, realizadas en el Paleolítico Superior.

1901: Henri Breuil descubre las pinturas de las cuevas de Mas D´Azil y de Font-de-Gaume. Los animales que aparecen en las paredes pertenecen a la misma fauna que los de Altamira.

1902: Henri Breuil presenta ante la Asociación Francesa para el Avance de las Ciencias un detallado informe sobre las pinturas encontradas en diversas cuevas del sur de Francia y señala como una realidad incontestable que se trata de obras prehistóricas, que sitúa en el Pelolítico Superior.

1902: Henri Breuil y Émile Cartailhac visitan la cueva de Altamira. Breuil copia durante varias semanas las pinturas de su bóveda.

1902: Émile Cartailhac publica en la revista *L´Anthropologie* su artículo: "Las cavernas decoradas con dibujos. La caverna de Altamira. Mea culpa de un escéptico".

BIBLIOGRAFÍA

Alcalde del Río, Hermilio: *Las pinturas y grabados en las cavernas prehistóricas de la provincia de Santander,* Santander, 1906.

Almagro Basch, Martín: «Arte paleolítico hispano-aquitano y arte mesolítico levantino». *Altamira, cumbre del arte prehistórico.* Instituto Español de Antropología Aplicada, Madrid, 1968.

Almagro Gorbea, Martín: «El Gabinete de Antigüedades de la Real Academia de la Historia. Pasado, Presente y Futuro», páginas 15-173, *Gabinete de Antigüedades de la Real Academia de la Historia,* Real Academia de la Historia, Madrid, 1999.

Boucher de Perthes, Jacques: *Antiquités celtiques et antédiluviee-nes; mémoire sur l'industrie primitive et de ses ouvres,* Treuttel y Wurtz Derecha, París, 1847.

Breuil, Henri y Obermaier, Hugo: *La cueva de Altamira en Santillana del Mar (España),* Madrid, 1935.

Calderón y Arana, Salvador: «Las antiguas pinturas rojas de España», páginas 9-14, *Actas de la Sociedad Española de Historia Natural,* Volumen 13, Madrid, 1884.

Cartailhac, Émile: *Las edades prehistóricas de España y Portugal,* C. Reinwald, París, 1886.

«Las cavernas decoradas con dibujos. La caverna de Altamira. Mea culpa de un escéptico», *Revista del Instituto de Prehistoria y Arqueología Sautuola,* páginas 375-380, Institución cultural de Cantabria, Santander, 1985.

Cendero Uceda, Orestes: *Juan Vilanova y Piera. Conferencias dadas en Santander,* Universidad de Cantabria, colección Santander 4 Estaciones, Santander, 1997.

Circular del ministro de Fomento, don Manuel Orovio Echagüe de 26 de febrero de 1875 a los rectores de las universidades españolas.

Curtis, Gregory: *Los pintores de las cavernas,* Turner, Madrid, 2009.

Darwin, Charles R.: *El origen de las especies por medio de la selección natural o conservación de las razas en la lucha por la existencia,* José de Perojo, Madrid, 1877.

Escalante, Amós: *Escenas Montañesas. Madrid, 1899,* La obra fue publicada con el seudónimo de Juan García.

Fernández Quintano, José: *Filosofía en el arte paleolítico en el siglo XIX,* Visión Net, Madrid, 2009.

García Guinea, Miguel Ángel: *Altamira y otras cuevas de Cantabria,* Silex, Madrid, 2004.

Gutiérrez Díaz, Francisco, *Paul Ratier, un artista de leyenda,* Centro de Estudios Montañeses, Santander, 2013.

Harlé, Édouard: «La grotte d'Altamira, près de Santander (Espagne)», páginas 275-283, *Matériaux pour l'histoire primitive et naturelle de l'homme,* Toulousse, 1881.

Kühn, Herbert: *El arte de la época glacial.* Fondo de Cultura Económica, México, 1965.

Las Heras, José Antonio y De las Heras, Carmen: *El descubrimiento del primer arte cuaternario, Comentario sobre los* Breves apuntes... *de Marcelino Sanz de Sautuola,* Estudio introductorio a la edición facsímil de los *Breves apuntes sobre algunos objetos prehistóricos de la provincia de Santander,* Fundación Marcelino Botín, Santander, 2000

Machado y Núñez, Antonio: «Apuntes sobre la teoría de Darwin», páginas 461-470, *Revista mensual de Filosofía, Literatura y Ciencias,* Sevilla, 1871.

Marcos Pous, Alejandro: «Origen y desarrollo del Museo Arqueológico Nacional», *De Gabinete a Museo, Tres siglos de historia, Museo Arqueológico Nacional,* Museo Arqueológico Nacional-Ministerio de Cultura, Madrid, 1993.

Martínez Cuadrado, Miguel: *Restauración y crisis de la monarquía (1874-1931).* Volumen VI de la Historia de España, Alfaguara, dirigida por Miguel Artola, Alianza Universidad, Madrid, 1973.

Madariaga de la Campa, Benito: *Marcelino Sanz de Sautuola, Escritos y Documentos,* Institución Cultural de Cantabria de la Diputación Provincial, Santander, 1976.

Madariaga de la Campa, Benito: *Marcelino Sanz de Sautuola y la Cueva de Altamira,* Fundación Marcelino Botín, Santander, 2000.

Mederos Martín; Alfredo: «Análisis de una decadencia, La arqueología española del siglo XIX. II (2). La crisis de la Restauración (1868-1885)», *Cuadernos de Prehistoria y Arqueología de la Universidad Autónoma de Madrid,* Madrid, 2014.

Mortillet, Gabriel de: *La Préhistorique. Antiquité de l'homme,* C. Reinwald, París, 1883.

Peiró Martín, Ignacio: «Los historiadores oficiales de la Restauración (1874-1910)», *Boletín de la Real Academia de la Historia,* número 193, Madrid, 1996.

Pelayo López, Francisco y Gozalo Gutiérrez, Rodolfo: *Juan Vilanova y Piera (1821-1893), la obra de un naturalista y prehistoriador valenciano,* Diputación de Valencia. Valencia, 2012.

Peset, José Luis: «El Real Consejo de Instrucción Pública y la Restauración canovista», *Hispania,* Madrid, 1988.

Quiroga Rodríguez, Francisco: «El profesor D. Juan Vilanova y Piera». *Actas de la Sociedad Española de Historia Natural,* Madrid, 1893.

Quiroga Rodríguez, Francisco y Torres Campos, Rafael: «La cueva de Altamira», *Boletín de la Institución Libre de Enseñanza,* Madrid, 16 de noviembre de 1880.

Rodríguez Ferrer, Miguel: «Apuntes de un diario, La llegada a Torrelavega, La Cueva de Altamira», *La Ilustración Española y Americana,* número 24, Madrid, 8 de octubre de 1880.

Ripoll Perelló, Eduardo: «Vida y obra del abate Henri Breuil, padre de la prehistoria», *Homenaje al abate Henri Breuil,* Diputación Provincial de Barcelona, Barcelona, 1964.

Sanz de Sautuola y Pedrueca, Marcelino: *Breves apuntes sobre algunos objetos prehistóricos de la provincia de Santander,* Imprenta y Litografía de Telesforo Martínez, Santander, 1880.

Sosa Wagner, Francisco: *Posada Herrera: actor y testigo del siglo XIX,* Publicaciones de la Universidad de León, León, 2000.

Truyols Santonja, Jaime: «La geología española en la época de Juan Vilanova y Piera», *Homenaje a Juan Vilanova y Piera 1883-1993. Geología, Paleontología y Prehistoria en el siglo XIX,* Real Sociedad Económica de Amigos del País de Valencia, Valencia, 1993.

Tubino y Oliva, Francisco María: *Estudios prehistóricos, Cuaderno I,* Oficina de la revista de Bellas Artes. Madrid, 1868.

Tubino y Oliva, Francisco María: «El hombre terciario», *La Ilustración Española y Americana,* 10 de abril de 1870.

VV. AA.: *Altamira, cumbre del arte prehistórico,* Instituto Español de Antropología Aplicada, Madrid, 1968.

Vilanova y Piera, Juan: *La Creación. Historia Natural,* VIII volúmenes. Imprenta Montaner y Simón, Barcelona, 1872-1876.

Vilanova y Piera, Juan: «Origen, antigüedad y naturaleza del hombre», *Revista de Antropología* 1 (1), 1 (2) y 1 (3), Madrid, 1874.

Vilanova y Piera, Juan: «La doctrina de Darwin», *Revista Europea,* Madrid, 1876.

Vilanova y Piera, Juan: *Conferencias dadas en Santander,* Imprenta de Bernardo Rueda, Torrelavega (Santander), 1881.

Vilanova y Piera, Juan «Sur la caverne de Santillana», *XI Congrès de l'Association Française pour l'Avancement des Sciences,* Secrétariat de l'Association Française pour l'Avancement des Sciences, París, 1883.

Vilanova y Piera, Juan: «De cuivre et du bronze en Espagne et de la période qui les précédés», *IX Congrès International d'Anthropalogie et d'Archeologie Préhistoriques,* Académie Royale des Sciences, Lisboa, 1884.

Vilanova y Piera, Juan: «Los dibujos y las pinturas de la cueva de Santilla», *Actas de la Sociedad Española de Historia Natural,* Madrid, 1886.

Vilanova y Piera, Juan: «Discurso de ingreso en la Real Academia de la Historia pronunciado por D. Juan Vilanova y Piera el 29 de junio de 1889», Imprenta de A. Ruiz Dubrull, Madrid.

ÍNDICE ONOMÁSTICO

C

D

E

F

G

H